Word SEARCH

AGES 9-12

BOOK

```
V F Z G T X W J D O A A I B
D S U N G L A S S E S O V H
L R Y W Z J M G H W S Z L E
G C R X A P R I C T W Z L F
E L N E J T R K Q R I J A G
U P E B C B E M X C M P B Y
A N O S P S W R B V S L N J
F L E D X Y P L H A U B O O
E L H Y I P I G K W I I N Z
Z D S Q E V G R Y L T Y N C
S D I K I G E S A S L D A U
```

FOR SMART KIDS

Future Einsteins

This book belongs to:

_____

_____

Table of Contents

Basketball is Life

```
Y F Q F O L L A B T E K S A B G B
W D V V L S Z I P P T H E F F E J
C Y R G I W T W T I X Z D I Y M R
S E F E L R U A K W V M N R M E R
L A L V S A Q I A N I O L T T Q D
L Q U T C Z K O U X I I T O H A Z
U K O U I P M E I G Z C O Y I T A
B W M P Y C M U R D A H K P H D Z
O R L D U S S L E S S P L S K O Q
G W C A I P R G O D R I B B L E D
A J R V J T O O X U V M P A A F J
C P O S S E S S I O N R D N J H M
I S L A M D U N K R R I L F P L B
H M F D F R W S K A R F H S K O G
C Y G N O E I K Z R D A I X F C E
C Q I H A U T Q L M Z A W K J B I
X V P H D G R O C K E T S Y D E J
```

Basketball   Knicks   Rockets
Celtics   Lakers   Shooter
Chicago Bulls   Pivot   Slam Dunk
Dribble   Possession   Warriors

Hanging Poolside

```
Q Q Q F F S T U G C C F T S C S S
G W Z V F Z G T X W J D O A A I B
X O K D S U N G L A S S E S O V H
O D G L R Y W Z J M G H W S Z L E
H H K G C R X A P R I C T W Z L F
N G H E L N E J T K Q R I J A G
Z O U U P E B C B E M X C M P B Y
G B J A N O S P S W R B V S L N J
Z L R F L E D X Y P L H A U B O O
A W N E L H Y I P I G K W I I N Z
P C T Z D S Q E V G R Y L T Y N C
D N N S D I K I G E S A S L D A U
Z U V F L K S C K E R K I M R C F
R J C P I J P L A D H S A L P S Q
H X H M E T P A O N J D Y K J B J
Y S B E C F M Q R O S R A M K V D
W D E A A H Z R U J P L E W O T U
```

Cannonball

Dive

Float

Goggles

Laugh

Poolside

Snacks

Splash

Sunglasses

Swimsuit

Towel

Water

Ice Cream Flavors

```
E P P J B Q Q C A B Y F N V O Q X
U M Z U P C B W I J A U F P Q H O
R X I W R M H X E L J E J V R G B
X Y Y R I Q J O L G F C K V E U A
I R P A E T M I C W D V Q W T O P
N R U S M X N B E O C U G P T D V
K E F A H A Q V I G L M F K U E O
A B A F V N B H V K R A S G B I I
X W C P B A C M Z S X G T K T K Y
Z A D V O A H O I U K N Y E U O L
J R S R T L L C O F B K A W N O E
M T O S T T I T O J V N Y G A C M
Y S I P E Z K T X M I P T B E Q A
U P V E X M P U A C H P L O P M R
Z B Z K J L Q A X N R M I N T Q A
X D X P I H C E T A L O C O H C C
F O S Z K V Z G I A Q T N F V O X
```

Caramel	Fudge	Peanut Butter
Chocolate	Mint	Pistachio
Chocolate Chip	Mocha	Strawberry
Cookie Dough	Neapolitan	Vanilla

11

All You Need Is LOVE!

```
K G T F L A N O I T I D N O C N U
S R C P Q K S A D M I G J N M T D
A A Y A A D O R E I V Q G Z P W A
P T L S O M A M L A X M O S H Y W
L E W S X J Z I Y H J U R J E L I
R F G I L O G F L U W P I N Y A O
G U C O N Y E R S E L F L E S S F
R L N N S P Z T H K B N K Y B A H
C Y T H P S D N E I R F C K M U M
M Q Q M Z Q H J K K O G U I G P V
T L G W G E E V O L J W L M C I B
I T K A A L J B D Z X Y B B E N J
P R Y R Z S M U G A C U X H P M K
F W T M E D N O I T C E F F A W I
T Y D T N T U B M J B K X D G D T
Z X E H F S I Y O B P D U H J Q D
H G S I Q L N U H J J N D F M Z D
```

Adore

Affection

Family

Friends

Grateful

Heart

Joy

Love

Passion

Selfless

Unconditional

Warmth

Let's Be Friends

```
Q B F R I E N D S H I P F S G Y F
N H T A N S D H S R O V T S G S B
Z V H C V A J Z L O Y W V U I U U
P L O C E Q W F X O Q I B H R M F
J M U E V P F Y W B Y I U Y I S J
H T G P I U B P Q K V A M W A U K
W I H T T G N I R A H S L D C P S
E T T A I G C J E S M V F J T P Q
P S F N S K C R I T J T M B G O H
A M U C O Z I Y R R Y Y P D R S
T F L E P Z T V L E O Z T L C T Y
I P E G A X S X W L X S S Q G I B
E C X N H Y U N F I M E J V V X
N Y N Z R K X G F J S S N I B E D
T N L A U G H T E R K N O R C U B
A D J T J Q F Z S Z Y N H X O G B
I J X P D N G U L N E O Z K B T O
```

Acceptance	Laughter	Sharing
Friendship	Loyal	Silly
Fun	Patient	Supportive
Honest	Positive	Thoughtful

Movie Night Snacks

```
M T S M O O C T M F G G S W T L W
F M Z Z D C H U E I H S U L S I L
Q L E Z T E R P T N A I G R C C S
Z M R S A K H A A E L E Z E J O N
X X D O Z A S Y F U J X C J Y R U
Q H Q U Z S P S X I O R G Z U I L
L J W R I D I M H J E Y I P L C L
S Y M W P B H U S A Z Z Q W W E T
P D H Q W D C D M Q N R O C P O P
K N T U N T O V G X S U O W C B R
X A X O Q N T S G O D T O H T P T
F C J S P S A I N A C H O S R U I
J F X G H A T V V D P P V V C D R
Y X K Q N A O O Z O G K G Z L A Q
A T U X P H P F W S P Z V A C W E
B U O E R Y X B Y C Z A M P Y M K
D G V B B V X I C E L Z L O Q B E
```

Candy

Giant Pretzel

Hot Dogs

Ice Cream

Licorice

Nachos

Pizza

Popcorn

Potato Chips

Slushie

Soda

Sour

Hey, Batter Batter!

```
Z W H J Q Y C Z Z U N K A R T N R
L I Z M N O Q J B R H S X L S Y F
E Q M Y Q Q M S L A N I D R A C P
K E Q E W T U C B N J S H U T E U
U K J J R W U R H Z K P E B O H B
Z U M A V B H P X O S D E R Y J A
F W K T S H F D A G O B S N Y E S
V Z Y E B T M X B A O D K B N T E
S G A Q A Q R S L O V F Y S I P B
S F N P T C G O K N T U V S O J A
T Z K H T X A L S B P I H T R M L
E G E F E S X M S Y S O S K F A L
M V E F R T B L V O M T R Z V F B
L R S M R R O J E E R O O O U A K
L U S E Y I C S R O K O Q M P M N
W Z O M H K N U H C F T V V B I D
D I E F G E N S Y S E Y V L E C X
```

Astros	Cubs	Red Sox
Baseball	Foul	Shortstop
Batter	Homerun	Strike
Cardinals	Mets	Yankees

Keep It Reel

```
Y M Z W I L C U G L F R F V W R J
J D H O O K S W C U M T I I T S R
I R V B L I D V E B Z H E V S U W
V P H B A B G D V J V T M E H E
W M I B K O W O Y C W F Z X G R L
Z E H Y E A G J U L B I Q O G T P
K D T Z T T C Y F O R S R E V I K
Z E L O P S R G B W J H I H H K F I
B Z Z O I Q N L P W A I L R P X E
F L M L C R E L W P J N X G O M F
L S A M R Y T V F D D G S P A W I
J T X M L I X P Y E V E T O L X V
J S B C N S F R K E Z T P Y Z T M
P A A Q V H W P H P U A X D U G Y
O C I Y H K B C C G L L E E R W I
Z S T F V Q N E V J A B V T I X B
Z V G G Q R G A H Z B C E M J O V
```

Bail	Fish	Net
Boats	Fishing	Pole
Cast	Hooks	Reel
Deep	Lake	River

Arts & Crafts

```
K D I B K A Y S L L S V T L C E B
J L I C N E T S X B P E Q U T E H
S H X P A L E T T E Q L E X S V N
T J J B V H T N R G E C X G R I H
F I R E L F J Q G S K K X N A T S
A K L A Z U Z U B T Q U V I Y A C
R R E D H R U C E Y I Z S T N E C
C R K I Y S C H U J E P B T C R H
Y P F N F G C C I B I X W I M C I
U K J G N O P O Y Z V X D N S X U
M Y O I R Y E V I D P G W K L J F
Q J W C L T S I T R A F X A I H N
G E Y V J T E C R S P Q R F F P B
S F N Q N A Z C A T G O R I N Y Q
W P E I K R A H G A L A L S Q S J
C K A C A N V A S F P B Q I D J N
W P K X Q U X G B D C E A P C L E
```

Artist	Creative	Paint
Beading	Crochet	Palette
Canvas	Floral	Sewing
Crafts	Knitting	Stencil

Herb Garden

```
F I R Q Q V J I J Z Y P U B D F N
O F Z G Y C I L A N T R O A G T I
N X P X X R T K Y M Y B C S F W D
E E D X V G I S F C H E M I Q P U
E Y B A A H X E W W T D I L L T B
M B Y E D N A V U N T X Y K T X R
Y N E Y H C W I L G R S I W E O H
H V L N H V B H D A J A B G S T P
T M S M W U B C M H V G J W P X F
M Y R A T E Y I B R A E K Z G U A
I N A L O P N Y D Z I P N S Z R F
L A P O W T A U A L I R D D D D F
I P G I J S U T P Y L A C U E Y A
K A A N O H Y L L D G J T P C R E
O I A N E N I M S A J V L Q L O R
I D E E V W J D G V C L O E G A S
P V R O S E M A R Y V A P E O S M
```

Basil   Eucalyptus   Parsley

Chives   Jasmine   Rosemary

Cilantro   Lavender   Sage

Dill   Mint   Thyme

NERF War

```
B N W T F E U O Y I B L R E I N E
G E L T T A B Z L A S Z G W Y J D
X A S W A G N U R C L M M U F A Q
L W M J G I N Z G V K S E W N O G
O N P F X G Y L L C M V A D P W W
R T G M Y L R C V N P F P M I C P
C W A B K S H O T G N Y E I O H M
Y K L R T B Z T D H E J P R I R G
M Q V C G Y G B C I P A N W F Q H
L T R W B E Z M X T R E O W R Y T
I C T L K J T G W T W P A I E T E
O C Q V R C L U Y K C O C D N E H
Z C J H H A S P L F V J C E V F P
D E O F S G A T O V H V L H U A M
W Y X S Q C S C R A P J D T D S T
I U E C K U R Y W A F O B X K D B
S S A D P T Q P Z R D E G X Y N R
```

Battle   Hide   Safety

Darts   Hit   Shot

Glasses   Nerf   Tag

Gun   Party Pack   Target

People Say I Am...

```
J Q G O Q X U J S T F A I R S T U
F O E D P Q F U N B V H A Z O J Q
Z U F V M T Z E M X L O W E L B O
J T A G A I Y F Q A O N S A Y U N
G F A U I R J Y Q E V E I O S B V
X B N N T X B W A G E S L G P Q B
Q E O S T T U E O G L T L X R T I
Y E N B G U D H K T Y D Y R L I H
F N M M X F R U S B U M A A S G U
D E S L B T C Y P O E T P A C H M
K R I U Y Z P P L L I K A D Q Q B
R G U M O U D E J O N M L P M V L
Y E Q T B R D F N W E W M Y A S E
Q T R I Y T E A O T T Q D N I K H
Z I Y U Z M L N D S B Z F D S R E
O C L O M Q L X E Y E D V V C C H
C D F V Z V B B Z G H A K A J K Y
```

Brave   Generous   Loud

Energetic   Honest   Lovely

Fair   Humble   Rational

Fun   Kind   Silly

In The Garden

```
X O F G H E S S P V M T M X Q W H
J J G B H P W L T P U R B P Z I W
K W W B V L U Y F R E O P M F P K
L Z K A L A F N H T U D D W S R Q
V G S Q X N S A A S G N R E L K G
D R U Y J T T W K R W Q R A J Y P
X Z N L N I K S L E E D A X K U L
Y T S A E N O U V W J C L Z E E E
I R H P D G H E O O M W L S A W V
Q D I O R X W T V L W A I F F D L
I D N H A M K C I F N N P B O P S
N A E M G Q U U A S T S R Y T F E
B R E L K N I R P S D R E L J L V
T G W Q X A T R B E T G T J P U O
Q V A H F J L W E Y R K A R W Q L
M F P M S J L S J F G W C M K C G
B R M Z L W A S O I L W H M J F O
```

Caterpillar   Leaf   Soil
Flowers   Planting   Sprinkler
Garden   Rake   Sunshine
Gloves   Seeds   Water

Sports

```
I C K G N M C G Y E G Q W Z W I C
S X Y O I K C E Z V D I O Q K G P
S P X H R A K F O Z C G U I Z O M
I S A P U C U J X N O C Z H X L F
N O P L O D L O Z E N Y U O I F V
N T W H T N P I Y D Y A C H K O P
E F L G N I M M I W S J I G L N A
T S C I T S A N M Y G Z G L Q Q E
Y F O O T B A L L X P X E D A C R
U A J K S F R Z U J D Y Q X S G J
F M D I Y P H M N U B Z R T G U O
M H H J N B E Y E A A B N F W C R
S P Y Q M J U K L C T E A M S P E
B A S E B A L L B J U D C E T Y C
O L L A B T E K S A B D S L C U C
O D O D G E B A L L Y G K C A V O
M D J C X O Z O P E P A N C V F S
```

Baseball   Golf   Swimming

Basketball   Gymnastics   Teams

Dodgeball   Hockey   Tennis

Football   Soccer   Volleyball

Let's Exercise!

```
S D T P H M N U F V H J G W J U G
C W A O H J K Y G S B H N K S Q C
O Y I J D F T F V D S L I J X P S
J X C M M I A O O J X V P D Y A C
T H V L D A N C E O Y V M O Z W F
C M L A I J Z W L T Z I U W Y E K
N L I I R N L S N R S V J O X I N
X O R Y J A G R S V J P G M N G S
W E Q G I E N R I O V A V N J H T
H H D Q Z P U O I U T S D I B T I
H W K J O N Z D I W Z B F E W S U
U C R F N E R S S D H N I Z M P C
T C T I R A K P G N I X O B W U R
K N N E C O X O E B Z R F P P D I
C G D F R E S R J T F T G X N T C
E A H K Q T O T X B U C K L K X T
I H S O N I S S G L T W U M P F I
```

Boxing   Dance   Stretch
Cardio   Jumping   Swim
Circuits   Running   Weights
Cycling   Sports   Yoga

Home of the Brave

```
C Y Q E C N E D N E P E D N I Q V
M U A D Z D M D G Z Q S T H U J E
J V L A Z K C U U W R G F A T B D
W W H T M P C O U C H I N I G E R
P R Q G U E O R C Y D A R L O V E
J A F K G R R P V E D S Z T K Q Z
J O K Z T T E I K G Z U E B J O D
Y T F D Y V Y M C I Z V S Z Y S F
U B H T T D F O P A V F U M H R J
B A E M R D K D K S R T O U S S N
Z L B K E M W E Y Z D B H V M I K
W D Q S B C B E T R E N E D A Z S
H E D M I E C R Q E B V T U E Y K
B A V P L W Z F G A O P I I R G X
H G N O I T I D A R T F H X D P S
G L V Q Q S Z Z U V R S W I R D M
B E S H O W K R R U B V Y J Q U V
```

America	Freedom	Proud
Bald Eagle	Independence	Tradition
Culture	Liberty	USA
Dream	Love	White House

24

Nature & The Outdoors

```
Y L S G N I K I H L Q H U O U W M
A Q L U D U D M S Z H C C I G W H
B C F Z N W V T D H S Y N M E C M
H A Z D S J T B N T G F A T P Z X
Y M Q V S D N N O X N A T R W N X
Y P R P P W A L P Q I A U R B G X
B I A V S D V O U L T B R S C J K
D N I I D T Z Q R T N P E G H D J
N G V P N N G T P S U M A A M T O
D N M K Z Y W R T O H X Z R O F I
P M Z M L S F E U G R A S S K P H
I C S Z Z Z I E N J X D C C V S S
J M I Y G R S S N K W E Y M S P P
S Z I M R N H A E G B J J E X P L
T H K Z E E I G L U X N K O M A I
M D F R S O N B L V H A U Y D M V
B P J K C N G Z B T L R O D W D Y
```

Camping	Hunting	Ponds
Fishing	Lakes	Roads
Grass	Nature	Trees
Hiking	Parks	Tunnel

The Greatest Showman

```
L D X J Z V D B A S V L T K O Y K
X W P V J E Y V C P E P P B T S P
O Q W Z F V O D K U R C W N N P M
K W T Z Z J Z U G S H P E V V K R
C I A C M A X K N U Z T E Q D C M
W J B P K Q K B A F J B D M H H U
K P O E E E Z E P A R T G L A J S
J M R O E J N O M F D N U I V O I
X U C R B K Y T B X I Y R L M S C
W T A Q D L B A G S M Y H F X I A
F A A T H G E L V L X I M Y U X L
W S T E D T A E C D C I R C U S A
Z M M V T Y R N O F S D E R D F J
A T A T E K D T J F C W N Z M G R
Z T G I K N E O D U O Z P Q V J I
F M I E J C Z G L H P C L Q Q S Z
G H C Q C Z N I S D J H T K B H L
```

Acrobat	Magic	Sing
Beard	Musical	Talent
Circus	Red	Tent
Hairy	Show	Trapeze

If I Could Have Any Superpower...

```
I R Y Q F P L I L O N R D T P E L
I N V I S I B I L I T Y L Q N E F
S G M C A D P C Y C E I I V V L D
U F H U G I D Y C A P F L A E G T
N F V J C T H Q Q G M N R V T C E
W M L Q A A B L K Y V T I E I E L
J M X W B H M E J U E T L A M G E
N K A T T P Q M S M A E T M M O P
G C I H C Y S P I T P H U C O B O
Q K Q Q M T I T I A G O F W R E R
X F L U V N C O T I C G K T T Y T
H O C R N C N H L C U G Z A A C A
J V L Q H M Y F I Y P P Z Q L R T
N V T T F I H S E P A H S J I M I
Y S U P E R S T R E N G T H T Z O
V L N M S I T E N G A M P X Y N N
F C S C W P N O I S I V Y A R X X
```

Flight	Magnetism	Telepathy
Immortality	Psychic	Teleportation
Invisibility	Shapeshift	Time Travel
Levitation	Superstrength	X-ray Vision

Who Let the Dogs Out?

```
E K Z Y F F O T G C P W A S K S G
T O D P E W D P O Z Q O Y R S U H
O D S U O G O L I J G S O Y P T N
T A I E L M L H O X X V A D M T M
R O W O M I E Y C C J L K L L Q K
U E E F E T I R V W F N I L O E Y
M I X N Y X V I A F O O T N U F W
T P H O A G U C E N G H A Q J Y W
L R E B B D M A P V I H C D E Q H
L F F V W F T Q D B O A S F N M Q
U H A D A L M A T I A N N T I X R
B W M X P C A Z E W O S H X O Q P
T E D P U S P D R R Q Y U Q D F B
I I P X B I I Z P B G S J A J N Y
P T Y S X P B Y R O D A R B A L I
E S E T L A M M O V A N K B G M Y
I J H K K P B Z I E Y R Q O E K S
```

Akita	Dalmation	Pitbull
Boxer	Great Dane	Pomeranian
Chow Chow	Labrador	Poodle
Collie	Maltese	Pug

Spring has Sprung!

```
B V A Z Q B K N L V L K U N R E R
B J X H O R A B S G F Q A B C M S
D V Y Y X J E V L H S L Z S Z K P
R T P Y R E R N K O O T O J F B R
Q S C Q F H B N M Q O W M W T F I
B C T M J I O A T A L M E O E Z N
E I M U L S E B G Y J Q I R E R G
G P H I A L C A G U H C B N S T S
J S R E R T W R S Q M L O E G V M
R P S L Y F I A N T C Y Z L C F R
A K G R H U M I I M E M U L J A D
U C W P W J Q N D S B R E D I H F
F S E N M Z F B F M O A I N P C I
F Q B Y B T W O V N B C S X L R
I P F S Y I J W N I B O M L F M O
B M G E O H Z O N X A M W J Y A M
Y E L L I Y K G B T S I U N T P U
```

April	Easter	Raincoat
Blooming	Flowers	Season
Break	May	Showers
Cleaning	Rainbow	Spring

Under th Sea

```
W S B S I G C A Z E H U E A F X V
H T B J K F V D O L P H I N S T V
A J K L B T J Z V H B B F S U H H
L B R V K J E L N X A R M R W B N
E F A M W Z L U U N R V T A H A O
X G H F Q Z L S D Q C L C G E E E
P E S T O G Y S L A E E L C U B Z
H E D M G K F U W G G Q O B W L M
L X S W T G I P Y F M L K Z U O T
E L P L D D S O V Z G L H P J B W
Y X P P G H H T O Q S G X R M S L
P J L X Q B S C Y K S Y L T U T T
K J K A T J I O M R B V O R D E O
H A V V R H F G K J V P G V P R M
Y H M D X O U S U D M C Y O O I D
S Q V M G L C U S E A H O R S E A
T S F U S U V M I J Y N G G P M B
```

Coral	Jellyfish	Seahorse
Crab	Lobster	Shark
Dolphins	Ocean	Turtle
Fish	Octopus	Whale

30

Science is FUN!

```
V K E Y S P W X D L A C V F Q E A
N J T V R E X A N F K D F B U D T
V Y T G I T D L C X M O T A B C W
G T A R O T S N E M I R E P X E
O A Y E V G I I X B E C V P K B G
C U V L E J K S M I M R S Z L M C
R A Z B R H W B O E S I K O G O E
E S A A G Y Q T A P H Y X M S K T
A B D T O P A A Z E D C V T M J Y
C X C C Q O I S V C D D D D U R D
T A X I S T O R G N U V E U L R C
I V G D A H N Z Z E Z T S A O L E
O S P O A E I V H I I Q A T J F A
N Z S I M S C K Y C N P H Z M U L
R O L R X I V R Z S Y Y P O I J I
Q C O E S S O F C Q F X W F I N P
X G R P K E V I T A G E N Y E D L
```

Atom	Ionic	Phase
Chemistry	Mixture	Positive
Experiment	Negative	Reaction
Hypothesis	Periodic Table	Science

Music of the World

```
V Y K Z M G S I T L D O S V U A U
V T S G E L R R B L C O U N T R Y
F S D I R V E A E T U K G D Q I Q
F P W G T D A Z A N G H K H C W J
I K X J K Q G U E W H M E Q S Q R
E L N D X Q G E T A F A C S Y I U
G O G H J Z E J M V S A Y N U W
A F R F Z Z R F X Y N I T A L L Q
W S C Y Z A T W M R U H L M S C I
E E J A Z J Q E E U X I V Z I S X
N U A W G T T Z P Y O P B Q P C U
F L R D Q A S U V P U H V F E X K
X B W A L B D T T D K O S H W O D
G S O O E S R O C K X P D U F J T
J V M R K R Z J W M Y D D X V Z K
R K Y B E B B G P E R Y Z T R J B
R Q A Y H R Q E L E C T R O N I C
```

Blues   Folk   Latin
Broadway   Heavy Metal   New Age
Country   Hip Hop   Reggae
Electronic   Jazz   Rock

Stop and Smell the Flowers

```
Z X N K Y N O E P X I K X I W J Y
V S M U V Y S U N F L O W E R S V
Z V Z R U W Z I G U I N Q K I N F
T F O U H U O F S T J G K A A W I
G Y A E A Y E W F U Y L D I A Y G
A C D A J T D O E L A J A T L E F
L Q K Y G N H R H I F E J R P V H
S K Z A L I G F A P M O S O O N Y
G U F F R N G I O N E D I S W D U
P Y W L S H N R O L G U B E F R Q
N T D R Z E C Y N U M E U Z Q I M
C Y T H D H I N T H L I A S I R I
E Q P R I L D L A U T Z Y C D V W
T G A D T F G M I P R E N Q W O F
T G S G G X P N C L P W Q C K W T
S U Q K Z N Q G W R E D N E V A L
C A R N A T I O N J V F Q A Z T J
```

Carnation   Iris   Peony
Daisy   Lavender   Rose
Gardenia   Lilies   Sunflower
Hydrangea   Orchids   Tulip

When I Grow Up, I Want to Be..

```
R E S S E R D R I A H Z K N B G Q
P W H S U S F G A U G W Y R T B P
N S R E H C A E T R G S T X I E C
F A Q U L S D T D Z T O N U Z M V
W L T R A I N E R W I U F A B W
I E C E O Z C O N R Z R S L W R Z
W S B V D G N O C I F C K T O N T
J P Z R N U C Q P T W C R S A M A
P E T E Z W C H S E G K E U R E V
I R H J R Y X A Q R D Y N B C S D
E S E M O O I W T W U X G Q H M I
K O R G T X Y S E O E K I T I L M
E N A R C L N S A M R S S T T A L
F X P L O U O I H O B D E Q E W N
F P I C D J C A L Z K N D G C Y I
M T S D O B D F M R U E J A T E V
M L T N B H W G F I G N W I F R I
```

Architect	Educator	Teacher
Artist	Hairdresser	Therapist
Designer	Lawyer	Trainer
Doctor	Salesperson	Writer

VSCO Girl

```
A J K F S A E C O I S I L B A O O
P I K V Y N H X Q E Q S K F P Q K
T H H Y N L M X S C R U N C H I E
F Y T O M E V W O C H O K E R F W
E D O U N L P M Y S J F A P R X O
Y R S R H L G U B M N V D S E C E
P O R W U I K C K D K A H D C G R
P F E F S V C B T A D Q V G Y B F
U L O J T L O F C S S I I E C T U
C A S L R E T U A B Z H C X L L U
W S P K A M S T F O N Z E L E X H
T K M C W Y N S P Q D V U L C B C
A A E C X D E O Z B S K O G L A W
B V F R R N K G Y C T Y A S B C E
Z C U V X A R S O D Z F I J O T F
D A U S R R I N S T A G R A M O L
S Q X S D B B K R P C E F E X H P
```

Birkenstock	Instagram	Scunchie
Brandy Melville	Oop	Straw
Choker	Puka Shell	Vans
Hydroflash	Recycle	VSCO

Beach Day!

```
O H S T O A P U L J Z U D N A N F
K M A O K H F Y B K I Y I J N E M
E D N L E D E H O X H N A O B E W
E Z D Q A Y N J A H Z Z C F O R Y
T X E A K L I H R T N E Z K U C X
A V M V C G H S D Y A A W Z Y S N
E C N T P G S N W N U J L T Q N J
L O T B N M N E A O D F Z P R U G
T Q C O D I U T L P R L F S P S E
S D S O A H S S K R T T S E G Y A
A Q N P L F X E E S B O B D A D U
C C I W L R Q V W W F P B A L A G
D M S C E C A A L P X N H H S X C
N H T C R E J W T P W P W S S U K
A G P N B T O W E L I G D R I I W
S J R Y M F P B H E O T D W K V P
O O W T U D E D R N S U R F E R G
```

Boardwalk   Sandcastle   Surfer
Ocean   Shades   Towel
Pier   Sunscreen   Umbrella
Sand   Sunshine   Waves

Winter Sports

```
H C R O S S C O U N T R Y V V I Q
C D B I H S H M N D X I G D Z P L
U J E Z S F L O M S A U N E I J U
R Y K D E C T V Y C X Q I I C Q G
L F U W R E I G C I W Y D O E B E
I M Q H L A K P U L E Y D W H C Y
N W V E D F O W M S E B E D O B P
G E K X V P B B T Y K C L C C O J
X S D J U N W F W Y L I S P K B D
A Q Y Y Y Q X D Y O N O I C E S J
Q J T S F P N K L W N Q E N Y L D
V P E L F B M Y E E E S J F G E P
A U J I D O J G W G S S A G P D G
G A Y Q E G N I P M U J I K S J F
V E L L V K I I M M N L V Q R E K
G N I T A K S E R U G I F K O B V
R R I Y N L Z I X T O Z Q R F Z U
```

Bobsled

Cross Country

Curling

Figure Skating

Ice Hockey

Luge

Olympics

Skeleton

Ski Jumping

Skiing

Sledding

Snowboard

Family Game Night

E S A R H P H C T A C C U Y G S Y
P Q C U C B Q T S X K G A S Z V K
X K C X O O X F Q H J H E T P G T
N Y T N N G S X V I F D A H A A P
P U Z Z N G O K R X A X C P P N E
R I O U E L Z M K R G O Z T F W K
P D D D C E O H A R O G L F G M O
O X Y U T B I H H G R O Q R O K Y
F T T I F O C P V L N Q S N V U F
K M G R O H U L L B Q E O M W U Q
A J Y L U Y F L N Y M P R D Z T I
Q R E R R E V F K A O U O N U C S
K I E N O I A T N L T O F E Y Y U
P J C M G P F E Y Y T A B O O D B
M C D P Y A D M T Y H V L S O M T
C A J S S O U Y D S C R A B B L E
T W M M C A P I C T I O N A R Y Y

Boggle   Codenames   Pictionary
Catan   Connect Four   Scrabble
Catch Phrase Jenga   Taboo
Charades   Monopoly   Uno

Endangered Species

```
B M Q A T I U Q A V A L L I R O G
L J R J A H M E L P J N W Y E O J
S N N L D S S L P Y H A Y V I B V
Z G O T N O J G J P S T G A Z B D
E D P Q A R B A A Q E U O M B L R
Y T P M P E H E V U L G P P T F T
H J R B T C X D J G A N O C S X C
T M C Q N O O L U F H A L Q F Y E
I L Y O A N N A G S W R A J D T L
G C A F I I K B G C E O R K R J T
E V T T G H W Z W Q U V B W A H R
R E R R N R U R P V L L E R P Y U
L R F C I G B W G G B R A O O P T
I O G K K G Z T O P D E R R E J A
V Q N F Z R L C Y P W F J F L D E
S E S I O P R O P E H H H B C G S
M D M I I P G V E D O N Q X W G Q
```

Bald Eagle   Leopard   Rhinoceros
Blue Whale   Orangutan   Sea Turtle
Giant Panda   Polar Bear   Tiger
Gorilla   Porpoise   Vaquita

Girls Just Want to Have Fun!

```
V I C D L T O D P M O V I E S A D
F P X X H S G Q B E E R T B V A U
B J A G N R D F R E V O P E E L S
E C N A D N E N O D F K R C C S I
A R F P O H L S E B W E E E C Q O
A T A J E N B R S I V H K D X D F
T Y C U W P I G A O R N K U J Q B
T V E G N V R Y E H T F B I A B Y
E Q M E O D L K P B M M T P C W D
Y E A S E L A K Q Z P L E S X Z N
R C S W I M A H K P A D W I E J A
T S K S T V Y N R U I H J O I B C
H V Q K C M I H G C U S M W J E N
L S U N H N D H U S F M D T D W J
Y M C A E W C R N V Y U S W Z K F
P K Q N K S E R U C I N A M V C N
H F N C C S T X K Q D O Z G X Y G
```

Best Friends   Face Mask   Movies
Candy   Laugh   Pedicures
Dance   Makeover   Silly
DIY   Manicures   Sleepover

Famous Pairs

```
U L B F E V S O M F D L A B H Y I
N O Y B B Q O P O I Z H N G R B U
A M V T X Q O C Y G B N I X V T R
G I S P U R B K S C G Q L C R E P
G P N F T N O F U F M D E G F R X
Q E I I L W N B P W A H G X H N D
C D A M I L N Z B B D H N V Y A M
L Y Y U S V I E A G A Q A A R U X
E L E S Q F E R F B M M T B N O E
Z C Q E D C A U D U I M F U R C F
F B V G U C L A M I C H E L L E J
C E F C K V R C Y L M G M X U U R
W L E Y Q L C X K T E B J U O U Y
Y R R N B W G J R U L R Z A F R O
L Y I I M P I N O C L Y Y M D I B
F T P O L T W L W A E S Z B Z A Q
E P I I Y P Y Z L R N Y U V R N M
```

Adam	Brad	Jada
Angelina	Clyde	Michelle
Barack	Ellen	Portia
Bonnie	Eve	Will

Cozy Night In

```
S G V E A E Q Z W C F D G L J U P
T B S R M C U O M H D T J O P A M
V A B C H I L L L D W Q Z H J V E
S Q I N B J J S W E A T E R S O U
V T T K U S E O B Y N R Y W K C S
G Z K Z B P N D A V X S A G O H K
K C X A D S E I E B I V N Z Q Y C
V U G B P C Z N T K L V Y L O V O
Y D G Q O O Y H M Z F E Q D O F S
Z D K A Y C G Z R K T C P J S I T
M L E W C E P K A V E S J F K R F
O E G G F D C Y W C N P G K M E O
V C G R U U F W S C V M P I G P S
I M O H O T C O C O A V A R J L W
E T B U G P B C C M T B B S E A H
S E Z R C P D A P W L S U H Z C D
D S F T P H B Q Y Y B R V F M E V
```

Chill   Fireplace   Snow

Couch   Hot Cocoa   Soft Socks

Cozy   Movies   Sweaters

Cuddle   Netflix   Warm Tea

Big Cities

```
L J H R I U O Q P M B J X G D U H
J Z E Q R K D T H Y U Z V B K O D
I Q V O S P W J O M M G G A U S N
S A A D W Z Y U E H R A O S S R M
C S N F F V C K N X S K T V G B K
G F H H D Y D A I E R O W B B W K
N K K S Y G K R X Y N O B S N J E
O J A C K S O N V I L L E M S G L
K K C F P N K R S P Y X E O L N L
G F U Z M D E V K H W K P Y P I I
N B N B W X A W W M A U M J D J V
O U O H Z U S L Y R Z N H M C I H
H B I R F F R L I O P J G A X E S
U D M Z H I R T F A R J T H N B A
Y Y Y M B A U T L Q N K I Y A B N
R F I U M H B I U J C U I T Z I U
E L O S A N G E L E S D Q T J Z K
```

Beijing   Jacksonville   Phoenix

Dalian   Los Angeles   Shanghai

Hong Kong   Nashville   Suzhou

Houston   New York   Wuhan

Cinco De Mayo

```
C L O T T T S P I H C B B E A E E
G S D L Q Q C T T O I G D Ñ H A M
Q A D D Ñ G L R B I H O P D I A S
B S T M G F M E L H M R M S P R O
C R X A C Q U G D G S E E T Ñ D M
T P D Q Ñ H I U I S M R X T S C B
Q O A Q X I S G A A R B I I F X O
S A E P P A P I D L D M C M H M B
O A B U X P R U H S H O O B L L Ñ
C B B D C F M O T A L S U A P A O
A F U E T A R B E L E C R Q B G S
T B O B C T L Q D Ñ F H A G S O E
S Q T H M X H D R Ñ F R F Ñ I L U
E D B S E M E R P U L R U A S G Q
I D S P A P E L P I C A D O M R U
F T X F G G L M X Ñ M A R A C A S
F U G U A C A M O L E B L C F E Q
```

Celebrate	Maracas	Queso
Chips	Mexico	Salsa
Fiesta	Papel Picado	Sombrero
Guacamole	Piñata	Tacos

Brunch Favorites

```
N K H D N F F M Q E U R M G P G I
F O P P B C V R J M A D D D J L S
P Q C Z X O M R E Z L L O X U W C
B Z A A E Y V T H N Z H K G H G G
W I O N B W I G S V C T R N L Q L
S E S U I U A A Y W C H J U J J F
Y O O C R D Z F T V Y C T Y O W G
P M Q F U Y D B F G Z I E O L B L
A R P H T I F C N L A I X U A L W
J U I S E J T T J B E V B B P S L
Z E H C I U Q S B R T S O M I F T
E Z S A I S E K A C N A P C L Y X
G T E W D W N F V D Z D P I A S W
G A I Q R D W M S S B V H U J D Y
S L T J D I J A D M J J G D D A O
M N H C J I I I B W V U U Z O W M
G V E G G S B E N E D I C T P P X
```

Avocado

Bacon

Biscuits

Eggs

Eggs Benedict

French Toast

Fruit

Jam

LOX

Pancakes

Quiche

Waffles

Camping Trip

```
V D U F L A S H L I G H T F J T O
K A H C R O H G L I A I N R N O G
I O Y W T C J R R H M F A E S N N
V C M X R G X A G E L C T U A O I
B X Y O O F J N J T L K Y Z C B K
L M T K D H U O V I D O W J D X I
U U I R V R G L K R S J O D B Y H
C B W N G I Z A D F N E J C Y O T
T J W X U B A K S A L F O R D Y H
L Z L Y Y Q K X R E R I F P M A C
P M K L H J S L E E P I N G B A G
K C A P K C A B K E X T P F U B O
Z G H E K P I K X H L W I B W D X
E X V M Z S O Y W W K A L E H N B
R Z E T I S P M A C B S Z U L U V
S W O L L A M H S R A M Q Z B S D
O F P D K Y F X Q H J O L W E X S
```

Backpack   Flashlight   Marshmallows
Campfire   Granola   Sleeping Bag
Campsite   Hiking   Tent
Cooler   Hydroflash   Torch

Essential Oils

```
N L A L S A K E R I O E J U F F H
Q F T F S Q E B Y F E N Z V I G Z
U L Y R B R Z R E R S G A I P Z O
J E U M W U E N T L M X V G A U O
T S M J W M N A M W U Q T D E J B
I A E R S E E F X O I J N D B R X
U N X S L T E B E I N N I Z Y A O
R D N B O E I U E M A O M P Q R H
F A O Y E R G B N J R N R C K D D
E L M V M R I N E J E C E W Z B I
P W E T Y F G M A K G Y P D V P L
A O L N Y V P A Y R F T P K R S U
R O P B T T Q O M V O A E Z A S F
G D M C K W L O Q O S D P F D D T
P B G L Y Z X Z S U T A L L O X U
W Z S L L Q R D D I X L J I W O Q
M Y Q N L I M E D Q I I B D W B N
```

Bergamot   Lemon   Rose

Fennel   Lime   Sandalwood

Geranium   Oregano   Tea Tree

Grapefruit   Peppermint   Wild Orange

Gone Hunting

```
M Z T J K H R M K Q H S E Q S Y H
V P T P S H O J F Y Q X U P F H M
O X I K I D N H U I Z L M O O S E
N M S R A A N E H Y R O T K U Z U
S H O S H O T G U N I E Z L R L K
W U R A E U B A B O W J R X W F T
U N O O Z Y Y W C B Y G A H H G L
M T Y N Q V W O R R A K E Z E F S
M I R W T A N Y Q J G C B H E Z D
L N E O E R X C R O J F C F L E N
B G L Z G G W A P E T Q Z O E J F
L A N D R O P R X P E S E R R G K
A O D E A L R U F S T D L E K I H
J B S Y T Z A C K H A U N S D T Y
M C A P D Y Q C W P G W G T R F K
H N H V E M L A D P N O A F H C X
W I Z V H U Q W O K P Y T L P A J
```

Accuracy	Fire	Land
Arrow	Forest	Moose
Bear	Four Wheeler	Shotgun
Deer	Hunting	Target

Backyard Games

```
L D H Q U J P X V I X W C W V V L
M H K H V T W H I F F L E B A L L
U I S G I W R E V O R D E R Y Q T
B D S A O I Z W E J J G E E R S S
O E T T K S U M Z D E J L G A W T
L A U U V T P M H O Q O Z C F M Y
O N G D R E Q U C U H V F P U F L
P D O V L R E A B N W L M R W A U
O S F U W E C D R K O K S S W N N
C E W I R H Q O P G I A T N D D E
R E A U I Z C Q C U E C D O P I K
A K R N O N P S F A V A K O H Q C
M H G E D J I Q T M R M V B T W I
Z L P J D D I Y C T G A J U A W H
Z F H T Y N B S S X O I R W O L C
C K L L A B E C C O B M A Z B D L
N O O L L A B R E T A W B E N B B
```

Bocce Ball   Hide and Seek   Tag

Chicken   Kickball   Tug of War

Cornhole   Lawn Darts   Twister

Disc Golf   Marco Polo   Water Balloon

Geocaching   Red Rover   Whiffle Ball

Carnival Games

```
E B A L L O O N P O P Y Z R L R M
T S U G Y R X R D I C D B U B E L
G O N E F I S H I N G L W G V N E
A S B P X X K F P B G W G R J N E
H T Y O N V J Z Y E G L K I E I H
L R T R Q A T O Z A W L B N U W W
A A T D W V Q Q X N R A G G A C E
V D H N R V X R E B O B A T V D H
I L I I P Y W V O A B T M O G U T
N Z E O A S D G X G D E E S R C N
R O S C E Z I R P T D K S S O K I
A R U W Q F C Z Z O T S L L C P P
C U O D Z M W T H S C A I L M O S
W K H A R D R J B S E B G D F N E
I T N D V E H H L E Z M F A T D A
R W U O B D L W A R C R E D D A L
H Q F Q J P R H P O H K O V F B P
```

Balloon Pop	Darts	Ladder Crawl
Basketball	Duck Pond	Prize
Bean Bag Toss	Funhouse	Ring Toss
Carnival	Games	Spin The Wheel
Coin Drop	Gone Fishing	Winner

Fashion Week

```
T N O I S S E R P X E P P B V I D
S S E R D O E R I P S N I B A O I
J Y X X D P C O U T U R E L W Z R
L K X G U L Y K A Q Q A N U O G T
S Y H R U S R P N G Q S L E E H F
S M S U Y O H T V M D K X F F P A
U E M S Y A F H B C A T W A L K S
N W N W Y D E Q R B T E O C D D H
G K E M D M W L A V Z Z W E R G I
L N K Z X T H L N W T A S E L N O
A E U X C Z S N D Z C I S Z G E N
S H R L X B K K T J G S T R T I S
S Y G N A L Q B P N U A J Y Q U H
E K O H E W K S E P V A P R K A O
S K Z D N M X R W D C K B A K R W
Y D O H O H Y A W N U R M T P J J
Q M O R H U R T X D Z Y K B N T H
```

Brand

Catwalk

Couture

Designer

Dress

Dress Up

Expression

Fashion Show

Heels

Inspire

Model

New York

Purse

Runway

Sunglasses

Fruits

```
J W N R A L A R N P U R K O U G F
I W I K M V G P D G T T M A N G O
G H P E B T O Y I B A C I O D Q W
J A O B D W S C L N D Y T G W G G
V P N Y K E D U A P E X A B B K E
P G O A B X E I R D U A D P T O T
G Y P X N B P V W Y O L P Y A H T
G O U Z E A S S E P A R G P F P Y
R F P R L J B Q H S M O G S L P R
A S R Y V L G A P P L E U Q T E R
P Y F L T E E G N A R O T H H S E
E N S I E Y R R E B W A R T S B B
F Z Z I R R M S Q L R G Y U W U P
R J P D V H H M N F B V M U B Z S
U X E A K K Y F P A P R I C O T A
I E A N U R C R H N S Q R L N S R
T K R B Z Z L J Q I C Z P X K X O
```

Apple   Grapefruit   Papaya
Apricot   Grapes   Pear
Avocado   Kiwi   Pineapple
Banana   Mango   Raspberry
Blueberry   Orange   Strawberry

Dance Like Nobody's Watching

```
E E A L B J C Z Y S L Q L B C U X
C N V S Y R F Z H I C T K M O G Y
O G P N L Q C L P V I H D G N N J
U E W O A A X J A L B O N P T I Y
N F S H D R S F R K A A T X E C Y
T N P L H I W N G E L B U F M N K
R R Z T L A W E O E L R E R P A T
Y E B H F U O M E G E J W I O D Q
Q D Q A F A U B R R T W V W R K R
A O T M L S Z Q O P W D S D A A S
Z M C H I L S A H T N T A M R E E
L Z B C L E R F C T E N E C Y R R
D Z N V Q O M O I I C E C Q J B B
K Z V D N N F J O E X B R R D Y Q
W A T L M K D J H M O N W T H K P
F J U F D T U R Q B K O J M S Z U
T A N G O R F G Z V R H I P H O P
```

Ballet	Country	Music
Ballroom	Dance	Salsa
Breakdancing	Hip Hop	Street
Choreography	Jazz	Tango
Contemporary	Modern	Waltz

In the Jungle

```
E Z F P F I G E V N E J W T C P S
K G N Z D G B K E Z W K S H I J G
F E M K E C D Z Y H Z R E A X A P
R E A Z U W E R P Y E E N F X G P
O L Y I M W S A E H T I L L W U M
G L O P P I H L T A M T G I A A V
E E E C V U C N H A O T O O W R J
E Z I E S C A M L W A S L N H G H
A A I N N P J S R C N R V S Y Z G
X G X W A W J R U M E L B M R E H
T R L A K K Y T D N L R E G I T U
S M Y E E M B J M C I G Q A E V Y
X V A H O T B S L C F E L G N U J
K B C U O P P M C O V E U G P Y V
U V Y L B C A C Z G O R I L L A T
W U G D F H H R T O U C A N O N B
K I M S G W O M D V J M S P L I P
```

Animals	Hippo	Lions
Cheetah	Jaguar	Panther
Frog	Jungle	Snake
Gazelle	Lemur	Tiger
Gorilla	Leopard	Toucan

Body Parts

```
B X I W D K D N N Z M O K R T Y U
Y O V Q D D M E O P K A Q L S W F
S P F E A T D T S V S A F D Y E O
Z L E E G B V H E B V D A J I H U
L N H P G A T A R M W A N R Q E H
K Z X D Z C H Z T N L U X A L D U
M U H Z T K I U J R T C Y P H B S
N T S R E G N I F W N B W V M T I
H X N P G U I B F U N C E L S X N
L C H M X P H S Z G V H L I Y D T
E Y A O J O A L G Y D I R J Z C O
F D T M Z O Y U Z C P W S K F F E
L O Y K O V W S I S W U M A U C S
I T D P C T S A K Y P O C S V E A
A R E M I B S O K U Z E X A Y Q H
N N Y B V S Q V J R S I S E L Q M
U D O I W Y E A R P R H E H L Z D
```

Arm	Fingers	Nail
Back	Hands	Nose
Ear	Head	Stomach
Eyes	Knee	Toes
Face	Lips	Wrist

Harry Potter

```
N R N A H C W I Z A R D R Y C Y N
V E O K R A V E N C L A W W U M J
X R W Q N C J Z E K J E L L Z F Y
W E O M D R U N H P R T S H D D T
A C U F E Q O Y G K S O M H N B J
N R K W L I V H U F F L E P U F F
D O C G M D W W D R A C O R B R L
N S M R I P N O R I A F E D A V B
I U E Y I C I T A O F T H I C P Z
R H P F K Z E U C B T G G R V H H
E U J F T T Q L S O E U K G S F N
H R A I H S W S P L I X S A S O D
T K T N L B N Y A W D I P H G V Z
Y L D D S T R A W G O H E A G O J
L Y I O K R I T T A O B R I Q D H
S V P R A L W B G V N D C W G H O
G Q D H T F T Y E L S A E W N O R
```

Draco   Hermione   Scar
Dragon   Hogwarts   Slytherin
Gryffindor   Hufflepuff   Sorcerer
Hagrid   Ravenclaw   Want
Harry Potter   Ron Weasley   Wizardry

Let's Go to the Zoo!

```
Z A P S E L E P H A N T V H H G W
W B W V P C Q H M U O B F D O R M
Y Y H S N O I L A U G U F I N O T
W L E C U B H N R P I I C I M X L
B I A Z B J W L B P L R R Y L Y F
R F T E G L U R E B S S A A V M F
M F A V S Z P H Z K X A S U F E X
W U Y F R L U W P G M X K E Q F G
Q L R F N P A R R O T S F V E A E
K O S T R I C H N O G X O P V I E
Y I A Y D T Q K H R H X K E Y J T
R Z V H D A E U W A S L A M I N A
M X S N P Y P S I G R K N V Y P A
C R O C O D I L E N S W U F C L G
U P T M P C V X C A X D T U A Y R
K F O P P I H R R K W M K O M B D
H B E A R F W P O W L S K T E T F
```

Animals	Giraffe	Monkey
Aquarium	Hippo	Ostrich
Bear	Kangaroo	Parrots
Crocodile	Koala	Seal
Elephant	Lions	Zebra

Countries Around the World

```
Y J O U U K A A I L A R T S U A S
C L J G U G H Q B Q G N E B Y I B
B N Z N S M N N G L M U V K I F
R H A B O L H P A H G O D I P Q J
A Q I N X J S O P R I P Y O J Z U
Z D R Y V F C R A Z I Y L U X G N
I Y E R G K M T J E Q N A U S L E
L V G A I S I U Z N M T T Q N Y D
C N L D I K R G L I I B I H P D E
A N A A C E G A O A S R A U V G W
I M G N P J H L P R P O U S H Z S
S Q A A C X W O U K R M P U I A H
S U X C N L Y R X U N A P F O N W
U I I H Q R S V O E I N I M S R Q
R T M E X I C O H N M I D E F U H
B P F G Z F R A N C E A W A Z G X
L W O O V B N K F A A Q J D T H O
```

Algeria	Iran	Romania
Australia	Italy	Russia
Brazil	Japan	Spain
Canada	Mexico	Sweden
France	Portugal	Ukraine

Nom Nom Nom

```
L K C H L I F F Y M H T W L H D N
B C Q W I L E D O D R F F H L X X
M I P O X Z E L K O U O E D I X Q
J G H P N X G W A A D M M B N P O
H R S L I S N E T U B U A O Q D T
X I P Q J W I V Z A J Q R N U C B
K L I N Y U K U E K E P R G G M W
F L E R V Y A I F I A L B N K E W
Q R F M M R B L M T X I M I S A O
I J R I L E A D P C A T B K B S I
I E U C T V S V S H C M B O V U O
I W D M O H E K E A M U O F R N
Q D R R B V C S L N E J L C A E H
P M O Z I O I R J J D O Y V Y Y S
H A A L T M P Z P O V K I G E U Y
M X S N J S S A T E Z B I S J X V
X T T E M W E Z D D A I M Y U E S
```

Apron	Food	Measure
Baking	Fry	Roast
Cooking	Grill	Spices
Eat Well	Kitchen	Utensils
Flavor	Love	Whip

Fortnite

```
Q H F L G J B E X O B Q G K P D Z
T U E H C Q J Z D M D O N X N E J
D D I Z L E C C O C W N J D R F V
T T N C K P T H K O M J E G Z F T
H D C U K E T I A B E N W F K U A
M E D M O S N T Y K W W T L O B A
E R E K F R C Q E O B L U G S V S
J A S V Z I G O D F R E N P D D L
O H E B M H B H P V K C E Z C Z U
X C R V R A Y A G E H K G K S M R
J T T Z Z E T P N I T C K I I X P
Y U E D L L F H H K H U N H U L Z
B L A W B O W U V V I I J U M T R
J C G E I G G U H C M A D S M X N
L S L Y W T L T I T S P A S D V R
G R E X N B S L Z Y X O O Z U X K
U A T X T U O D A O L B S I Q R D
```

ADS
Bait
Buffed
Chuggie
Clutch

Desert Eagle
Downed
FOV
High Ground
Loadout

Minis
Nerf
OG
Quick Scope
Slurp

60

Lights, Camera, Action!

```
U D Y N F A M O U S C I N E M A N
G P L B W O E K E Q Q U M B M Y O
S Z Q E I S X Q R B B E H I D K B
R L B N Q I U L R E I U A B B D A
O A L Z S R A T S Z C Q E D F D T
T H B I V Q T C B M G U S O R I U
C O S F H Q M X A N I U D P M Y E
A L O D O Y H E Q L N B M O C G C
Z L I P X P L S J S M L I F R B I
Q Y D M F Z J R E Z Z U M G D P P
I W U G A X O T E R Z Z W J H B B
E O T R H H B F L V V D F E C N L
E O S R E L D Q E I E F M E D I A
O D M S V H T B S F C B S R A J U
J R O D E O D R I V E I U K W U F
D R O T C E R I D X J Z T F A Y F
S W C A L I F O R N I A E Y E A O
```

Actor   Director   Producer
Beverly Hills Famous   Rodeo Drive
California   Film   Stars
Cinema   Hollywood   Studios
City   Media   Sunset Blvd

NFL Teams

```
O L H W T E X A N S Z K C Q D C H
S X P A V B E B K R S N N O H U J
Z R C S V J L Y K N N Z Z C S D S
C H A R G E R S W U I V Q S T Y L
F L E V L R Q N Y I H M C T E S V
L E U G R A M S Y N P O D N E T M
C O W B O Y S Y K S L Z L A L N Z
P H T Q I D E N J T O K I I E I T
P A C K E R S J A O D J R G R A G
P U Y G Q W Z L N I Y V T X S S B
R H B D B J N S G R B E A R S P J
A Z G K L R A F Z T A Z N V P J Q
B N F W Y F O U P A K S N E V A R
Y C H I E F S N E P O H X J N H S
S G N I K I V L C T Z B M V J Y G
S P K R K I I T L O P V Y J Z N F
G G P Y D K N J X H S I Q H T G N
```

Bears	Dolphins	Ravens
Broncos	Giants	Saints
Chargers	Packers	Steelers
Chiefs	Patriots	Texans
Cowboys	Rams	Vikings

Good Fortune

```
D O X S U E O L D I A A Y U D M K
R A Z W O M O E E J P S T V R N M
J Z I M G G Q V S Y P Z I G S H E
X M C S I Z A I S R R N R Y A R P
X W A F V X A Z E I E Z E P B P H
R C G C I G U N L A C F P M L K F
V J J I N O J X B H I Y S L G G T
P D G J G M R J K S A M O F E P V
S E B I V D O O G P T L R S N R H
K S U B A M B O O Q E Z P H E R W
Y W X M V D I U F C X X X U R L T
K W T G R A T E F U L Y H D O D Y
C O U E F S E S S E C C U S U W C
U E G K E L B M U H O R U Y S J F
L Y H G U T H A N K F U L O W Q W
G P O J I V E T A N U T R O F J B
X K R O W D R A H Z P S M K X G W
```

Appreciate   Giving   Humble
Bamboo   Good Vibes   Lucky
Blessed   Grateful   Prosperity
Fortunate   Happy   Success
Generous   Hard Work   Thankful

63

Life on the Farm

```
S G V M U Z E Y A B Y U Z K N C I
T P R W A S K T U E V N Y X J N B
P Q Y E R R L A H C X I T V E E Q
I I A O T I L O C P F W T K B T R
C I H X B X D G T E V A C D Z H J
W U K A A G O U N Z K I R T O J E
B M A L A V G O X D H Z N M D L Q
A U L S X C S T J C I E N S I C N
R I F R X I I S R H Y X R L Y J I
M H O O B G F R U F P V P V P V Q A
S L T T S J V W E C I M O B A I D
Y K Y C C O P E P T G C N A N F X
D G E A O L C E O X S W D L I Q U
T X I R Z W J T E D U O Y J M J N
P X A T J Q S T L H Y D O O A C D
J A X L S A H T K M S C B R L Y A
U C D C R M X Q T Z Z K F P S K F
```

Animals   Farm   Pigs
Bison   Goat   Pond
Chicken   Hay   Rooster
Cows   Horse   Sheep
Dog   Lamb   Tractor

Opposites Attract

```
Q C Q I E R I F Y S A D U S A L T
R E L K C A L B S D H B X I O L M
K N R Y A H P V G K A H B N U G X
B O K Z S F U A F L O P M O I I U
X Z S U D R K G A R L K I A X Y P
G X C B A D N N T D W Z D Y A A C
D Y P H Y N C A N K Q O P N F Z V
C R Y T S E Y Y G A L D B Q X X R
W C G H A O F H U B L Y A D A Q A
C Y Z N L I A O X I W L M M O O N
A U N I H E W W G X R P E P P E R
Z Z B W P R Q H D A S F Z N N N I
X I L Y U G T U Q D O X E M S S V
C M S K R A D B O S P K T S U D E
B O C R E P A O L D M Y I B N S A
Q X D I K C P Q S A P A H N G X V
P E O V G N I G H T X K W T M V V
```

Balance	Ice	Salt
Black	Light	Sun
Dark	Moon	White
Day	Night	Yang
Fire	Pepper	Yin

#Hashtags

```
V T C E N S T N S W V L B M Y N G
O I S S E R V B X A T E D O A O T
A E F L A X A L R G A R W L D I Y
T T F V F P U E T U P Q E G E H P
Q I E U U E T S T S I J X W H S L
E L W U P L O I Y G G Z U M T A I
D L V K I P F P H P E M M F F E
W B T F E U P B P Z Z N D E O G V
W O O R L A P G R E M M U S O T O
I N R C H I J J C K U V X F T X L
D O O G A T S N I I L L X Q O T M
K B U I N S T A C O O L U E H O E
G F J K Y T U O T U O H S I P A H
O Q M T K I Q O P T H Z M D T T U
K O D R W E R O N L P O G V T C U
Y N T J B W R S P S G B U K Y B S
A Z E D K C N U S O T S A H Z K T
```

Beautiful

Fashion

Happy

Instacool

Instagood

Love

Nofilter

Ootd

Photooftheday

Repost

Selfie

Shoutout

Summer

Tbt

Travel

Personal Growth

```
Z H Q D S V H C W V G U U I P V O
N O I T A N I M R E T E D U A Y L
Z I M E G D E L W O N K M G T U B
L E Z X Z D W M X I G F U N I G A
L D O W Y S N R G R P L D I E H A
U U A T R C T O O X N U W D N R C
F T Z H Y F Z W K W O M N A C T I
T I V Q F F T W E S Q I N E E O T
C T B S N H U M B L E U B R U D S
E A T U J C H A L L E N G E C P I
P R R C Z X A W N A G N I V I G M
S G O C M Q P C X V O Q G S P N I
E Y F E R E O N Y A B G W P P N T
R E J S B I R D Z X I Q P M C L P
M N B S J A D Z L B M S A Y D O O
H Y Y P E C N E T S I S R E P Y Y
O O S L R I C N A E N I F B U G S
```

Challenge   Growth   Patience

Determination   Humble   Persistence

Giving   Knowledge   Reading

Goal   Learn   Respectful

Gratitude   Optimistic   Success

Pet Tricks

```
Q S L V X I T W X M O T R N M I G
A F I S E G B S R A E S J H C E V
L I Q A P U P A X T N R P C W A S
Q I Q Q K I M E Y W I I O Q E I V
Q P R M N I I Q O X T X J K T L P
B D K X F R D D M U V B U L S P E
C A A X N A Y J L E I K M A H K K
A Z R F D A E B N Z W E E A W Q
T X P K L N J C Y K R P E H K W R
C Y Y F S Z A P A M F H G R E X N
H F K I N B O T T J C C H E H Y L
H V O D P M G M S S H Z V V A D N
H D A E D Y A L P C O A X O N H B
U T D J V X K H T A V Q X L D D P
G E F O I W N E R S S H B L S L G
J F N U G N F E I Z F C D O D Q C
W G U S S I K Y R I U F O R W T B
```

Bark	Jump	Shake hands
Catch	Kiss	Sit
Fetch	Lay-Down	Spin
Heal	Play Dead	Stand
Hug	Roll Over	Stay

Road Trip

```
U D T S P Z V A C A T I O N L K O
O O L K R O A D T R I P F M I M T
C H E W C T P C B L Z R E V W J R
T M B X K A P V E A G M D W F E A
C I T F B A T T K I O T C X Z D V
B R A S M T O P M R P H O X Q A E
B V E M S H I N I H A E K Y Q O L
H C S Z I J M E R R F T Y F N R B
A A C S U N S H I N E Z K K L P R
L R G B Y I V Z D H D K M O I V I
P U Y U W A I S N A C K S T D S A
V I G Y Y D I D L H H D S J G J L
K G H G D L W N U D Q T L P A O P
Z G S R A A I J T R O Y L V S P F
T R I X K G W M Y P P C J B X P V
A V J A P N E M A A T E C Y D B Z
E R K G O C X J P F O H A R E O A
```

Car	Luggage	Seatbelt
Drive	Map	Snacks
Family	Memories	Sunshine
Gas	Pit Stop	Travel
Hotel	Road Trip	Vacation

Math Terms

```
K C Z T A O G X B M J H L W A M X
O A A B S E C D E D U C T X R U A
C N V Y U Z L E D I W H P W O L J
W T I H P S Q U A R E D S J G T W
U O Q S E M I T Q X Q U I C T I T
G G D W B R W O L H M C U T K P M
O J J D T M W R P Y D D A C Z L Y
K G A G C T F O E M C J P A O Y C
P I I Z U Q G O D I B O Y R K G B
J R Y J D Q O G I N A Q M T L C M
G T I V O L V F V U C I N B S W D
T E M U R L A A I S U A Y U U A I
E O G E P O M T D A Q Y A S L L K
P O B A V T O L O P J P S K P N G
Q V F N W E T U E T H U U T P Z A
O F Z R J F N E I N C R E A S E S
P F I K H G V U W R V H P E D D O
```

Add	Minus	Squared
Deduct	Multiply	Subtract
Divide	Odd	Sum
Even	Plus	Times
Increase	Product	Total

#InstagramFilters

```
E V F W Y J L U A P U H F C K Q A
N K F N B N J L L A Q P C O C M C
Q G D G D W Q A Z I M Y Y A A E A
X X L X Q J I N Y X M N Z J I L B
S L Y M C W T R C J N I S B R B D
S E R I A S O N E U B V T V O O W
U F Z B X K N Z B R J J J E D U O
N N O R M A L R Y O R U G R D R Z
O Q F X A W X L Y Y O L E U N N X
S Z K S Q L W E S K S J S P I E C
V W C K F R J X F O L M D I B V P
A B U D H A B I I T O E V A R B F
D N T Z K N T Q E S F Z X J W A D
N C Z A P U K D Y L A G O S W H P
P R R K S J O R M L Y V I G E F O
V T C B R I O D E J A N E I R O V
A S Y N E W Y O R K X K H A T X W
```

Abu Dhabi	Jakarta	Normal
Buenos Aires	Lagos	Oslo
Bunny	Limited	Paris
Cairo	Melbourne	Rio De Janeiro
Jaipur	New York	Tokyo

Perfect Day for a Picnic

```
P F N T S V R N L E T U Z N A Q P
J L T E A A J C A F W O M R M F E
Q E Y A Z B N M G P X K T Q L Y I
L D Z U L B K D L J K G S P Q S P
B Y Y B T R N P W O F I T T S V S
A L Q H E G Y O A I I U N F U T R
Z O A C S P T T T V C K X C N D E
I X I N D Z Y A R B E H G A S Z T
X U E J K N Z T E P K G E M H J A
J V H H A E A O N U F S Y S I G W
R H M C D C T C K X Y S L X N L P
S T B F L E B H T J T E W U E U T
Q N T A L H L I W E O F X A H A E
O O Q V Y C L P P Z B I R N N N K
C G N H J G I S Q Q R V Q U X U S
A P I C N I C C V U L Y W H I B A
B T R X I W A T E R M E L O N T B
```

Ants	Juice	Potato Chips
Basket	Napkin	Sanwiches
Blanket	Pets	Sunshine
Fruit	Picnic	Water
Fun	Pie	Watermelon

Summer Days

```
O D R R V Z W V M I E Q K M Q M E R
R C X W K Z T O H R T E S N U S D
V A J M U S I C D L H N G E V G I
R Z W N A R L S E L C I S P O P S
M F I V U R Y H C Z B U D N K G L
F O B H V F C K S X F Y J O Z V O
A N H F Y T O O U R K O Q J Q V O
J S R W S U F Y N P I C N I C G P
C I G B D Y H H S F T H A P P Y S
S U R F I N G S C C P V T C P D F
A C H S I Q U E R B R K X W R Z A
T C S P B M R L E R Y E E T A U M
K L A Z J F A H E S F L Y E X W I
I R L I H J I C N K F T U N B A L
R R P K C W V A A L S C M X C T Y
N H S H N Z N E P A C A V P I E N
O S X Y M C R B L W Y T P D Q R N
```

Beach	Music	Sunscreen
Family	Picnic	Sunset
Fun	Poolside	Surfing
Happy	Popsicles	Walks
Hot	Splash	Water

Nothing Like a Spa Day!

```
C W Q F F R E L A X A T I O N O J
Y L Q S E P I H P A R B A B T H R
U D L B R S N G E L Z S U B C U E
I E O P U T H R A S I T A X F L B
G E T A C B T O C S P A D A Y Z M
N K I H I Q G M E C N O L A S F U
Q G O C N J J C F C P C Y W Y C C
E A N D A Q D E U C J W F E N Y U
W T W M M Z Q D L R V T A N D Z C
P B D M D O F P D R X A C O D W F
T N E M T A E R T G X L B R B V D
A C G B J L A R E N I M E M D O A
I H A D J M A S K Y G T C I Z T I
N T S R E K D W K N E F T F S O M
H S S Q E A H W S L A I C A F L L
C Z A I W O E R U C I D E P A C J
P R M Z I S T G B U G L Q D E P Y
```

Body	Mask	Relaxation
Cucumber	Massage	Salon
Facials	Mineral	Soak
Lotion	Peaceful	Spa Day
Manicure	Pedicure	Treatment

Time for School

```
M K R E S A R E O S P L T Q S C R
U N T S E T I T H D N Y J C R B Y
J P F G F R H Y N N Q H J G E A I
U Q B U S M H I O E U J W U K C L
N Z M I L A N D I I L K C N R K J
F Z E N L Z W E T R L R T X A P C
Z G R L N E H N A F D U W X M A H
T C W M U Q Q R C P M M N X J C Y
V A T R Y Z T M U N M U U C C K P
Y P E N C I L B D O X A W H H Z H
C O M P U T E R E X N L V H F O Q
D C R L O C K E R X X V P V M V A
U H N O T E B O O K H V M V X M P
S B T C A L C U L A T O R M C P J
S S A L C G W A D P N T E E K L G
F R P L B T M Z M Z R V N L Q N I
Q R T Q V B T S N O I S T U D Y S
```

Backpack   Eraser   Markers
Calculator   Friends   Notebook
Class   Hallway   Pencil
Computer   Locker   Study
Education   Lunch   Test

Rock 'n' Roll

```
X Z L M E T A L L I C A P D Z Q W
W B C J T O L E U C O Y F Z U Z U
D X E G V G G G E G J O T E F J C
C A E R O S M I T H O O E L Z P C
B G R O H R E P M F P N K O S P N
U U B Z D U G Q I E U Z B B E J Z
Z N Q X Q S W G L E I J U X L V X
T S T K Y H H F G R J B F T G A A
Z N D F H T B H O J Z E V H A N L
X R H K E T M N Z U X A Y E E H D
D O D R C M M P Q L O T S W R A X
V S S P F A V S O Y K L W H D L D
A E V P I P F A L L E E D O C E P
I S U D Q Z C L K U T S Y E U N D
A J E S B D Y O L F K N I P O D X
A N L R C R M X L F K T Y Y I B A
X A B L A C K S A B B A T H L Z I
```

ACDC   Foo Fighters   Queen
Aerosmith   Guns N' Roses   Rush
Beatles   Iron Maiden   The Who
Black Sabbath   Metallica   Van Halen
Eagles   Pink Floyd   ZZ Top

State Capitals

```
O A G U X J X C O N C O R D I M K
W E J W G P F H P S P S D G E C Y
E W O N O M W K H Q M X F L V V M
U F B S U T Y P V B L G L K D B J
T B A U G U S T A A A I Z S K F C
S F P T H E L E N A V Z A L U C T
Z W B S N V J E K H L A K E P O T
N X E A K A C T S C P N I T S U A
Z K G W M W S A B I R M G P I F Y
W J U M W F N H K C D A I X R F C
D W O J E S I O B S V O M E M H T
C U R B T L X V L V G J V S E U O
P Q N G J P A O V C L N P Y I D F
T N O T S O B S U B E P E A F B H
O U T N D Q X R F D L N E H J T Q
K X A V K J S P R I N G F I E L D
D H B Y M D O W O E I S N M X Y N
```

Augusta	Boston	Nashville
Austin	Cheyenne	Salem
Baton Rouge	Concord	Santa Fe
Bismarck	Denver	Springfield
Boise	Helena	Topeka

Photography

```
H M O Z R I U S L A C I T R E V W
J K N Z A C J R K H D O P I R T N
Z C J X W Z M I A F Y J H S M Y R
N E S P R G Q M E G A P I X E L E
O B K X E D F O C U S G U R J Q T
I D M Q H G W T N C C N S B F D T
S H O T S E H P L A H I W L R P U
E L A S A Z N H M B T N K E Y H
U V G R L Y X E I O J H L F E J S
L S I J F R R L A G G G V Y D M G
Z M D N D A N B T H H I A K C F Y
M C V E V X V P S Z Z L F R D Y W
Q D F L B U L A T N O Z I R O H V
I E T J B A Z J D D S K S G W L P
X J X E X P O S U R E U P U H Q X
O G T V K L K G T B Q B S E N T Q
N V B Y G D M I T I A R T R O P S
```

Camera	Horizontal	Portait
Exposure	JPEG	Shot
Flash	Lighting	Shutter
Focus	Megapixel	Tripod
Highlights	Noise	Vertical

Nutrition

```
P J M N E T U L G L G D S L U N Z
O U N M F Y W M I S T E C Z U F R
Z R A S A R S V T U T E G T N U P
L E X I V Y U J H Y H G R V W R M
P T W L G F I I L T A I K O G W J
M A H O S V T O T I E Q R E B I F
W W Q B W V R X O N R U I M R O H
L M U A M T U P T H O E Z Z L E E
P T B T C E N K L V R J X N A J N
I G R E B I Y S I T X B V L I E O
Z E L M E K I F C A D O T I W S M
X E T T N J U R E F P H V B Z I K
V Q O K I L Z C S E I R O L A C C
S R S E T A R D Y H O B R A C R G
P B V E G E T A B L E S O B K E G
V H E E N Z Y M E S I K N H L X P
V P J T B G C B X S E A I F C E K
```

Calories	Fat	Metabolism
Carbohydrates	Fiber	Nutrient
Electrolytes	Fruit	Protein
Enzymes	Gluten	Vegetables
Exercise	Health	Water

Positive Vibes Only

```
W B Q O A D F S T W E L L N E S S
V P J H U Q H F D K Z B X W P J B
F K C M I H U D P N N E C A O E N
B F I I Q D O T B E E U H I S V C
V R L F T E L Q F D V I R F I O F
H Y Y G N S M I A U W O R L T L Q
K M G D O F I V Z T F O G F I F R
A E R N K O H M J I B A G G V L E
W E A E I L D Z I T F H C V E E S
T T T S F T O V C T G R T L K S P
M S I K E F F N I A P L L L N K E
L E T U E R T I B B K O O I A E C
O F U A L E T P L Z E K R A Z E T
L L D I I I G N I P V S T N A J H
G E E J N Y F U F Z U U N O Y A P
C S P H G S E U L A V U O E C W A
R W K Y S M X T A J T M C O J I Y
```

Attitude

Control

Feelings

Friends

Good Vibes

Gratitude

Health

Optimistic

Positive

Respect

Self Esteem

Self Love

Uplifting

Values

Wellness

Sweat It Out

```
X Q D B F N C A R D I O Y S I T O
M I U J O B F S T A U Q S T Y V M
E X E R C I S E Y T I S N E T N I
U L V S H T G N E R T S R D C L Y
H G U E X N J A G P Y V S W Y Q I
L W U X D U T K E T K D G N Z N I
S I T U P S O F I H S B U Y A U C
U T G Y H X S V A J Y U Y X N Z Y
I C J M A Y I N O W S D S Z C I M
O E B H A T U G E B A R R F Q V U
X W M G C G G I W A V W T A E K S
U L O A I I G C G L I O P Z T P C
I Y G E N H U A L A W R Q Q G E L
A P O G T C O P J N Q K V V P Q E
L A G S W E A T E C G O A F V A S
N S M E K Q X R F E N U O Z Q L F
R Z R N N Z J P C V I T S R J T V
```

Activity	Intensity	Strength
Balance	Jogging	Sweat
Cardio	Muscles	Weights
Exercise	Sit Ups	Workout
Hydrate	Squats	Yoga

Self Care Recipe

```
Y H G Z V M C K A O U E I K U I K
M N G G M I T H O T B A T H T A S
K W H J K Q K D K Z T Z G T L J T
P Q W F O M P H Q S K Y K Z Z F R
L X Q D S U X I P J W O H M W D E
M B O D U K R L V A I G O J I T T
F L A Y C Z U N L L Z A L C J J C
R E E A B S V K A B E L J S L Q H
R N H A W Y I R R L T R F O E X L
F S A Y R N A G G Q A S Z E D F Q
A F A I G D U N C T Z E P U Z M
C Z E B L M G G I X I I I R T X M
I G N O B S G A R K D F C N I F A
A A U F K O N N O M E A K G T H O
L S X Y N N Z X L B M A I Q A V S
S T Q K P N Z K O G I T R A R H K
E X E R C I S E C U Q F G D G P I
```

Coloring	Hot Bath	Read
Cook	Journal	Rest
Exercise	Learn	Stretch
Facials	Meditate	Walking
Gratitude	Nails	Yoga

Presidents

```
U J T D C U P R B R L U A E H I C
O O U N Y Q C Z S F N O T N I L C
C N L A A I U J C D T N N W V Z T
I T Y M R T A F T O L O O I J R R
Q G A U E G A R F I E T P O X N U
U B O R V Q O E Z F V G H E U O L
O D N T O X A R J T E N Y N H Q N
Y U L N O I P E Q Z S I M A V D F
M Q O U H C A W J O O H B G U F O
P X C A F Z K O N W O S C A W I K
I K N A K F H H X A R A F E V J J
R R I L V H C N P C U W L R C L X
S H L L J Y Y E P X M D Z J M Y U
X M G P C Z G S M U R I B U S H C
M U K Z E Q Q I U P H S G M U Y C
K E N N E D Y E R Q H O D O F D F
Y K D T H Z K U T E C N F K P N Q
```

Bush	Kennedy	Roosevelt
Clinton	Lincoln	Taft
Eisenhower	Nixon	Truman
Hoover	Obama	Trump
Johnson	Reagan	Washington

TikTok

```
B K C H E D A G E N E R H A H Q H
P R H E S E E H C Y K C U H C C R
O T A D R O P D A N C E S H T U A
T V L L K I W S S Y U O J P I I N
E H L V W J F G A D E S S E S B O
U Y E D A H F R D Y E P V H X H V
S T N G H R U X M F S E G E T U P
G B G I I S E H G F K O Q D L V T
Q O E E Z T F I A S D N E R T A T
V F N S E V U F L O C C N M D L H
P D T I Z O I P D U W F D F L P E
S I I I U I W W I I J E P R S F B
O H V G K S I V L J E Y H R Q S O
O M F O M T Y H I I Q Z E T G F X
I D S W K D O G S P Z Y L H H U J
J N L A S H J K N I B W B K V G F
I J J M W S G N O S A X R W F Z S
```

Challenge   Hey Julie   The Box
Chucky Cheese   Obsessed   The Git Up
Drop Dance   Renegad   The Woah
Friends   Say So   TikTok
Get Up   Songs   Trends

84

The Great Bake Off

```
B S S Y S V C Y K A Y K X A O O M
R E M M I S N A J L W O L Z E M A
L Q W F R X R P I H W O U N L F Y
I S U M X B B C E I J C E B C R I
O A Q T W L E V Q C U T F Z F U R
B R A N H T A Y H U M X P N G B I
G U B D L H N P D J L G A Q N K J
A R H E E A S J V Q V P X S Y N Y
R B M J W F C U F N B E K B W E D
N Z Z P P O B Z Z J Q X Y C F A E
I N L A U P B F L O U R I N L D A
S U J F E V A R X K W Y S B I D H
H E R Y C I R Z O O K L W T T J F
E D F D M O H S L C H N Z X O M C
H K S B L L C H O P D T Y U S J E
K Y A L U S R V X Z B P B W S T Z
X I M B J V C U B I C I S M C I A
```

Bake	Flour	Panfry
Boil	Garnish	Roll
Chop	Knead	Simmer
Cook	Melt	Toss
Cut	Mix	Whip

US History

```
B Q R Q B B K V F J E L T G J E D
T P T P O W E R O S G K K M O X B
Y R O T C I V A S S O U T H L R L
C G X U G H X E M U P I A C N N M
R I M Y J V I W N D C W B D Y P B
O M V W T N G A V E T P A T K G S
B Y I I O D T V G F E D F R L T O
R P R L L M B C O E R B B R B H L
A P O A R E C G I A R E A C O I B
H C Z V T L R K U T I H F T B Y B
L E W Y Y I N A U Z T P U E K J B
R S C U K T L U R R O L R Q I H H
A E H O O N F I O I R T Q E T T L
E I J H K B R N M B Y A I W I C C
P L T R S Z H U G C K N O U I K F
O L L Y V M N E E T R I H T G Z Y
Z A E G K Q B A T T L E A E B S L
```

Allies	Liberty	South
Battle	Military	Territory
Civil	North	Thirteen
Colonies	Pearl Harbor	Victory
Defeat	Power	War

The Best of Country Music

```
M N Z Y O Q A O X K D N I N T I D
G H S I V Z R R C C N R D Q I G N
T S Q U A R E D A N C E Y X A U O
O A Q R X C T B A S S T L D R I T
B C F O J X A P Q G N S L O T T R
Y Y Y P A L R P D I I E B W S A A
K N R F K G B F D Y E W Q V E R P
E N T Q O J E O J U Q G O J G W Y
I H N P Y G L B U Z G T P A R M L
T O U F A D E D K T A K O Q L
H J O N E T C S N U B J U E E V O
V E C A A T R R K P Y S I O G G D
W T F Q O O A I S R N Y H W H E R
X Q U K X I Y H O G X O A E D T N
L D R U M S Y L H T B T B N K E U
T I M B X N G C D D I K G M J T P
A M E R I C A N I N K C V K K N M
```

American	Drums	Johnny Cash
Bass	George Straight	Patriotic
Celebrate	Glory	Square Dance
Country	Guitar	Toby Keith
Dolly Parton	Jake Owen	Western

What's the Weather?

```
Y K D P G E S N U Z Y K W D Q T Z
S W O D U N G Z R P D D G C L H W
U U N Z Y S M R E B A Z M P F U D
P Z R H N C W K H S M G A T S N S
R Z E G N L Z Q T P D Y L H T D B
A V T K U D S I A U L Q U S T E B
I Q E F S B S Q E W I Y A W Q R V
N H M C O J I W W D M C R T X S F
I H O L Y G M M R A E L W E S T C
N M M O Q U G O E R N I I I H O H
G R R U D L U Y O R S G X U M R O
R F E D O G A F A F A H B N Q M T
A K H Y H K Y D L O C T C W B S H
I A T T X R A B M C S N D U W B G
N N W E X R T A B R V I J F R F Y
Y N X W T F H C L R F N O O K Y X
O J O N H H F K T C R G D R N X K
```

Cloudy
Cold
Drought
Foggy
Forecast

Hot
Lightning
Mild
Radar
Raining

Rainy
Sunny
Thermometer
Thunderstorms
Weather

88

ANSWER KEY

Basketball is Life

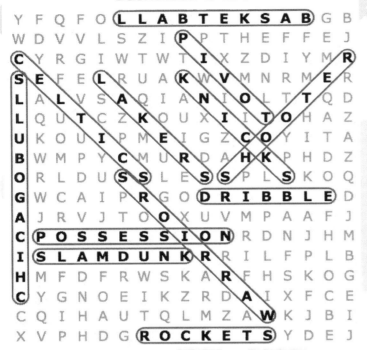

Hanging Poolside

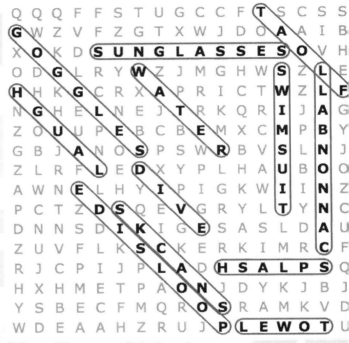

Ice Cream Flavors

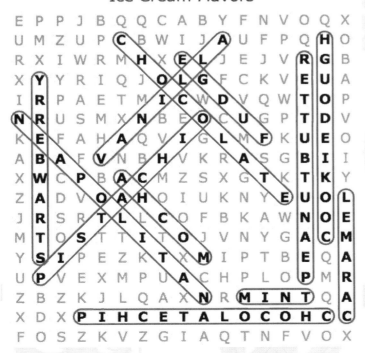

All You Need Is LOVE!

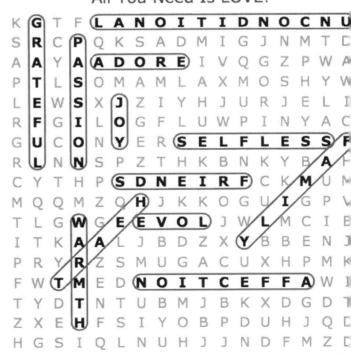

Page 13

Let's Be Friends

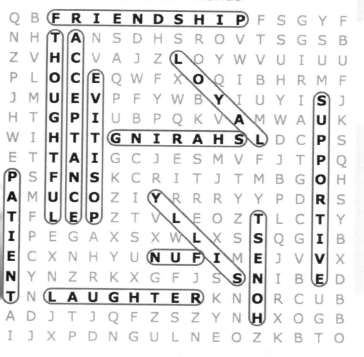

Page 14

Movie Night Snacks

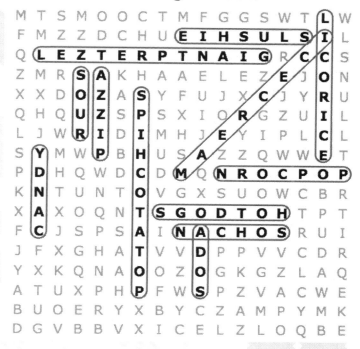

Page 15

Hey, Batter Batter!

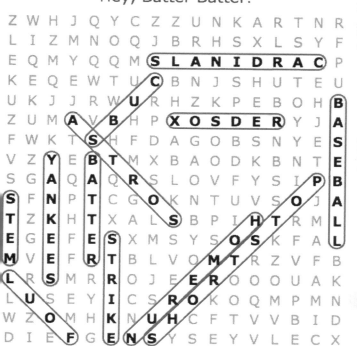

Page 16

Keep It Reel

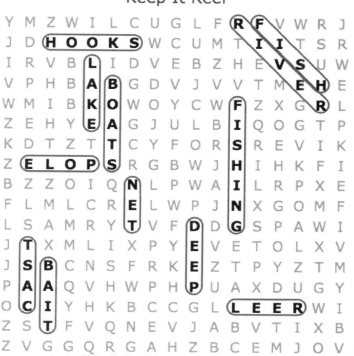

Page 17

Arts & Crafts

K	D	I	B	K	A	Y	S	L	L	S	V	T	L	C	E	B
J	**L**	**I**	**C**	**N**	**E**	**T**	**S**	X	B	P	E	Q	U	T	**E**	H
S	H	X	**P**	**A**	**L**	**E**	**T**	**T**	**E**	Q	L	E	X	S	**V**	N
T	J	J	**B**	V	H	T	N	R	G	E	C	X	**G**	R	**I**	H
F	I	R	**E**	L	F	J	Q	G	S	K	K	X	**N**	A	**T**	S
A	K	L	**A**	Z	U	Z	U	B	**T**	Q	U	V	**I**	Y	**A**	C
R	R	E	**D**	H	R	U	C	**E**	Y	I	Z	S	**T**	N	**E**	C
C	R	K	**I**	Y	S	C	**H**	U	J	E	P	B	**T**	C	**R**	H
Y	P	F	**N**	F	**G**	**C**	C	I	B	I	X	W	**I**	M	**C**	I
U	K	J	**G**	**N**	**O**	P	O	Y	Z	V	X	D	**N**	S	X	U
M	Y	O	**I**	**R**	Y	E	V	I	D	P	G	W	**K**	**L**	J	F
Q	J	**W**	**C**	L	**T**	**S**	**I**	**T**	**R**	**A**	F	X	**A**	I	H	N
G	**E**	Y	V	J	**T**	E	C	R	S	P	Q	**R**	F	F	P	B
S	F	N	Q	**N**	A	Z	C	A	T	G	**O**	R	I	N	Y	Q
W	P	E	**I**	K	R	A	H	G	A	**L**	A	L	S	Q	S	J
C	K	**A**	**C**	**A**	**N**	**V**	**A**	**S**	**F**	P	B	Q	I	D	J	N
W	**P**	K	X	Q	U	X	G	B	D	C	E	A	P	C	L	E

Page 18

Herb Garden

F	I	R	Q	Q	V	J	I	J	Z	Y	P	U	**B**	D	F	N
O	F	Z	G	Y	**C**	**I**	**L**	**A**	**N**	**T**	**R**	**O**	**A**	G	T	I
N	X	P	X	X	R	T	K	Y	M	Y	B	C	**S**	F	W	D
E	E	D	X	V	G	I	**S**	F	C	H	E	M	**I**	Q	P	U
E	Y	B	A	A	H	X	**E**	W	W	T	**D**	**I**	**L**	**L**	T	B
M	B	**Y**	E	D	N	A	**V**	U	N	T	X	Y	K	T	X	R
Y	N	**E**	Y	H	C	W	**I**	**L**	G	R	S	I	W	E	O	H
H	V	**L**	N	H	V	B	**H**	D	**A**	J	A	B	G	S	T	P
T	M	**S**	M	W	U	B	**C**	**M**	H	**V**	G	J	W	P	X	F
M	Y	**R**	A	T	E	Y	**I**	B	R	A	**E**	K	Z	G	U	A
I	N	**A**	L	O	P	**N**	Y	D	Z	I	P	**N**	S	Z	R	F
L	A	**P**	O	W	**T**	A	U	A	L	I	R	D	**D**	D	D	F
I	P	G	I	J	**S**	**U**	**T**	**P**	**Y**	**L**	**A**	**C**	**U**	**E**	Y	A
K	A	A	N	O	H	Y	L	L	D	G	J	T	P	C	**R**	E
O	I	A	N	**E**	**N**	**I**	**M**	**S**	**A**	**J**	V	L	Q	L	O	R
I	D	E	E	V	W	J	D	G	V	C	L	O	**E**	**G**	**A**	**S**
P	V	**R**	**O**	**S**	**E**	**M**	**A**	**R**	**Y**	V	A	P	E	O	S	M

Page 19

NERF War

B	N	W	T	F	E	U	O	Y	I	B	L	R	E	I	N	E
G	**E**	**L**	**T**	**T**	**A**	**B**	Z	L	A	S	Z	**G**	W	Y	J	D
X	A	S	W	**A**	G	N	U	R	C	L	M	M	**U**	F	A	Q
L	W	M	J	**G**	I	N	Z	G	V	K	S	**E**	W	**N**	O	G
O	N	P	F	X	G	Y	L	L	C	M	V	A	**D**	P	W	W
R	**T**	G	M	Y	L	R	C	V	N	P	F	P	M	**I**	C	P
C	W	**A**	B	K	**S**	**H**	**O**	**T**	G	N	Y	E	I	O	**H**	M
Y	K	L	**R**	T	B	Z	T	D	**H**	E	J	**P**	R	I	R	G
M	Q	V	C	**G**	Y	G	B	C	**I**	P	**A**	N	W	**F**	Q	H
L	T	R	W	B	**E**	Z	M	X	**T**	**R**	E	O	W	**R**	**Y**	T
I	C	T	L	K	J	**T**	**G**	W	**T**	W	P	A	I	**E**	**T**	E
O	C	Q	V	R	C	**L**	U	**Y**	K	C	O	C	D	**N**	**E**	H
Z	C	J	H	H	**A**	**S**	**P**	L	F	V	J	C	E	V	**F**	P
D	E	O	F	**S**	G	**A**	**T**	O	V	H	V	L	H	U	**A**	M
W	Y	X	**S**	Q	**C**	S	C	**R**	A	P	J	D	T	D	**S**	T
I	U	**E**	C	**K**	U	R	Y	W	**A**	F	O	B	X	K	D	B
S	**S**	A	D	P	T	Q	P	Z	R	**D**	E	G	X	Y	N	R

Page 20

People Say I Am...

J	Q	G	O	Q	X	U	J	S	T	**F**	**A**	**I**	**R**	S	T	L
F	O	**E**	D	P	Q	**F**	**U**	**N**	B	V	**H**	A	Z	O	J	C
Z	U	F	**V**	M	T	Z	E	M	X	**L**	**O**	W	E	L	B	C
J	T	A	G	**A**	I	Y	F	Q	A	**O**	**N**	**S**	A	Y	U	N
G	F	A	U	I	**R**	J	Y	Q	E	**V**	**E**	**I**	O	S	B	V
X	B	N	N	T	X	**B**	W	A	G	**E**	**S**	**L**	G	P	Q	E
Q	E	O	S	T	T	U	E	O	G	**L**	**T**	**L**	X	R	T	J
Y	**E**	N	B	G	U	D	H	K	T	**Y**	**D**	**Y**	**R**	L	I	**H**
F	**N**	M	M	X	F	R	U	S	B	**U**	M	**A**	A	S	G	**U**
D	**E**	**S**	L	B	T	C	Y	P	**O**	E	**T**	P	A	C	H	**M**
K	**R**	I	**U**	Y	Z	P	P	**L**	L	**I**	K	A	D	Q	Q	**B**
R	**G**	U	M	**O**	U	D	E	J	**O**	N	M	L	P	M	V	**L**
Y	**E**	Q	T	B	**R**	D	F	**N**	W	E	W	M	Y	A	S	**E**
Q	**T**	R	I	Y	T	**E**	**A**	O	T	T	Q	**D**	**N**	**I**	**K**	H
Z	**I**	Y	U	Z	M	**L**	**N**	D	S	B	Z	F	D	S	R	E
O	**C**	L	O	M	Q	L	X	**E**	Y	E	D	V	V	C	C	H
C	D	F	V	Z	V	B	B	Z	**G**	H	A	K	A	J	K	Y

Page 21

In the Garden

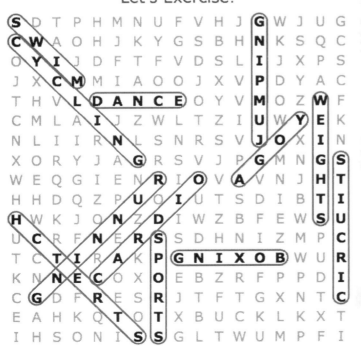

Page 22

Sports

Page 23

Let's Exercise!

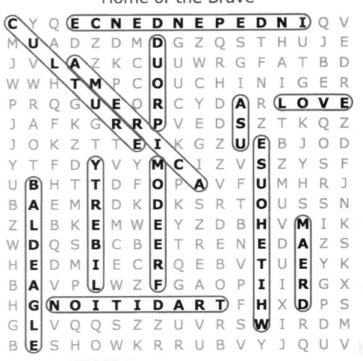

Page 24

Home of the Brave

Page 25

Nature & the Outdoors

Page 26

The Greatest Showman

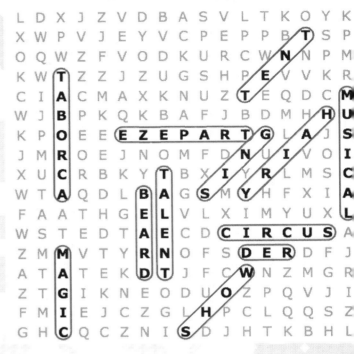

Page 27

If I Could have any Superpower...

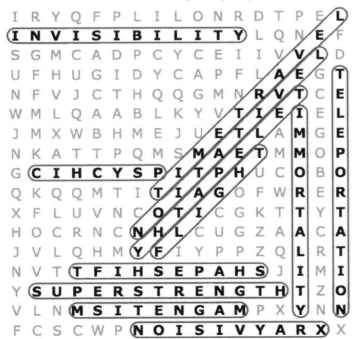

Page 28

Who Let the Dogs Out?

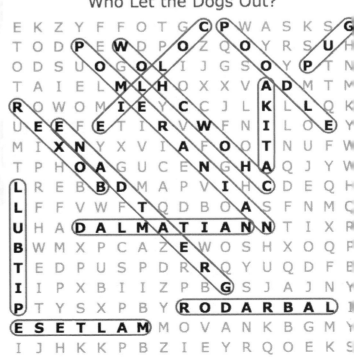

Page 29

Spring has Sprung!

Page 30

Under the Sea

Page 31

Science is FUN!

Page 32

Music of the World

Page 33

Stop and Smell the Flowers

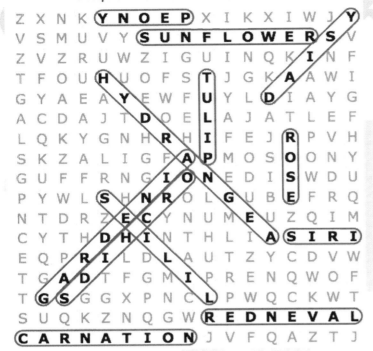

Page 34

When I Grow Up, I Want to Be...

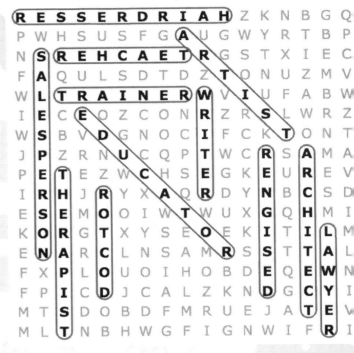

Page 35

VSCO Girl

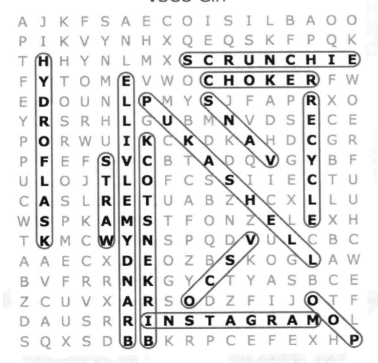

Page 36

Beach Day!

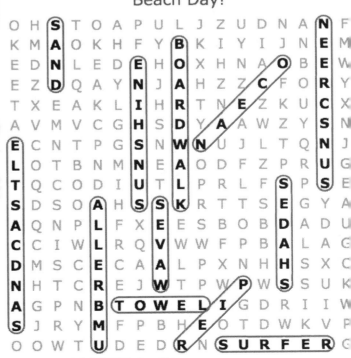

Page 37

Winter Sports

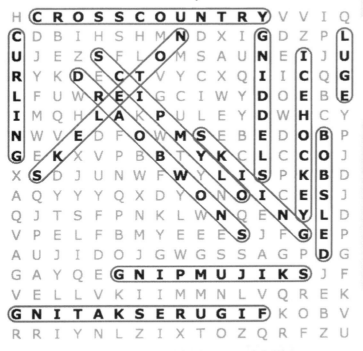

Page 38

Family Game Night

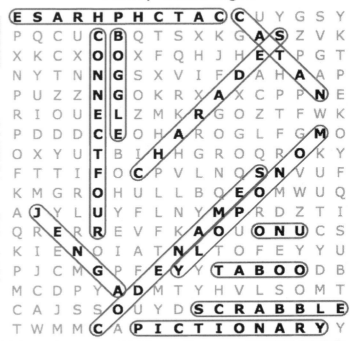

Page 39

Endangered Species

Page 40

Girls Just Want to Have Fun!

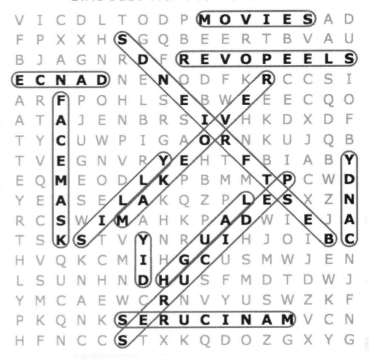

Page 41

Famous Pairs

Page 42

Cozy Night In

Page 43

Big Cities

Page 44

Cinco De Mayo

Page 45

Brunch Favorites

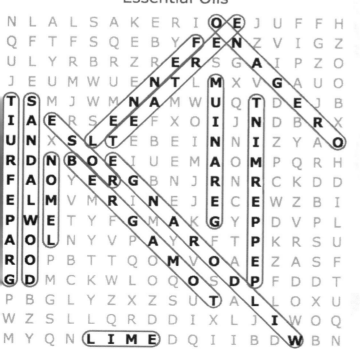

LOX
EGGS
EGGS BENEDICT
QUICHE
PANCAKES

Page 46

Camping Trip

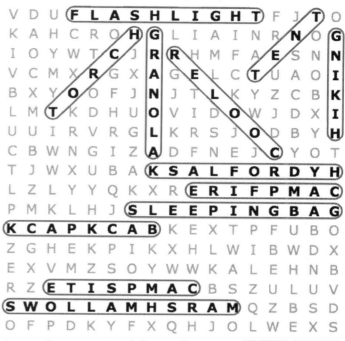

FLASHLIGHT
GRANOLA
HIKING
HYDROFLASK
CAMPFIRE
SLEEPING BAG
BACKPACK
CAMPSITE
MARSHMALLOWS

Page 47

Essential Oils

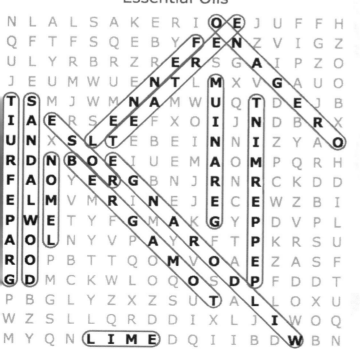

LIME

Page 48

Gone Hunting

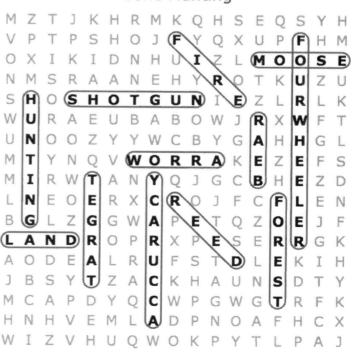

MOOSE
SHOTGUN
ARROW
HUNTING
LAND
FOREST
FOURWHEELER
CARCASS

Page 49

Backyard Games

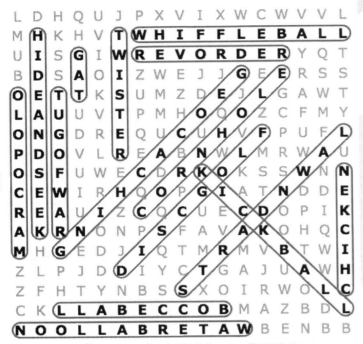

Page 50

Carnival Games

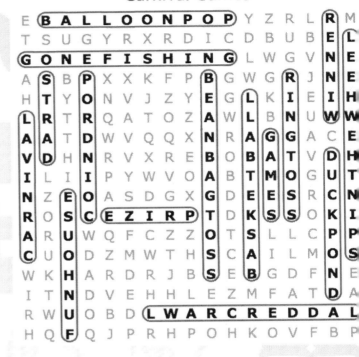

Page 51

Fashion Week

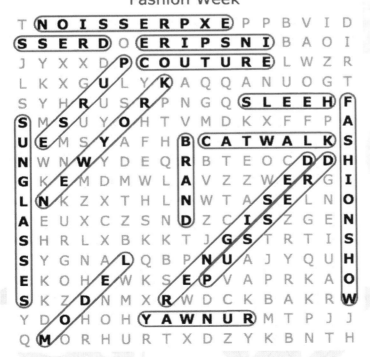

Page 52

Fruits

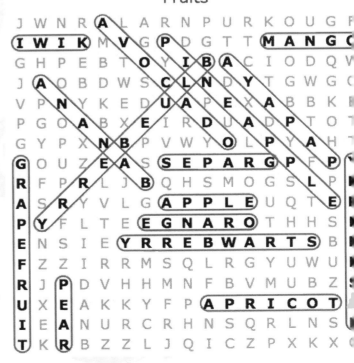

Page 53

Dance Like Nobody's Watching

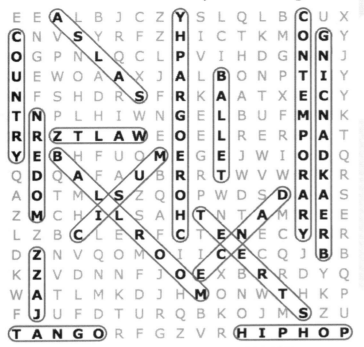

Page 54

In the Jungle

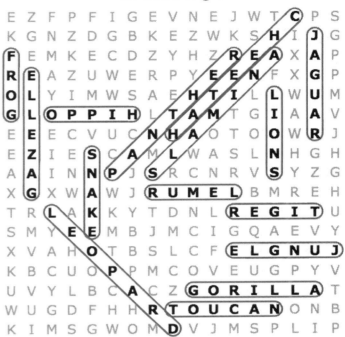

Page 55

Body Parts

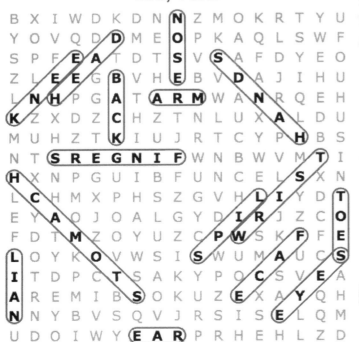

Page 56

Harry Potter

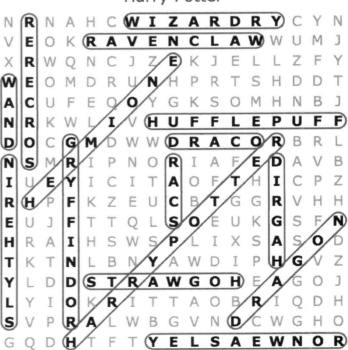

Page 57

Let's Go to the Zoo!

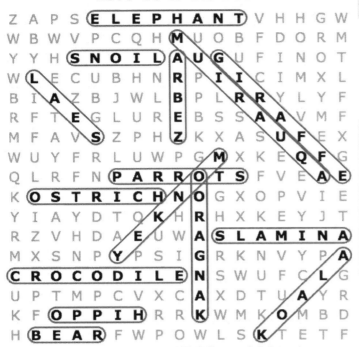

Page 58

Countries Around the World

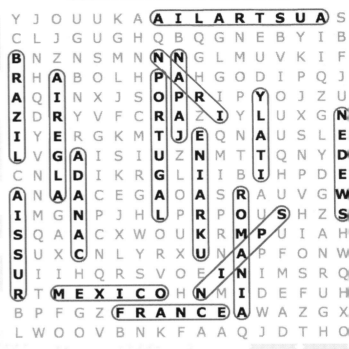

Page 59

Nom Nom Nom

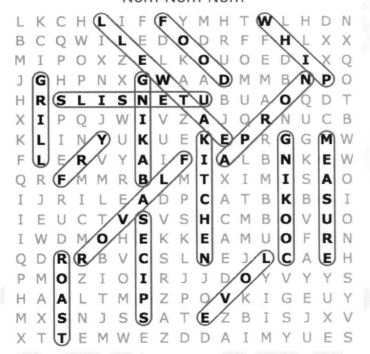

Page 60

Fortnite

Page 61

Lights, Camera, Action!

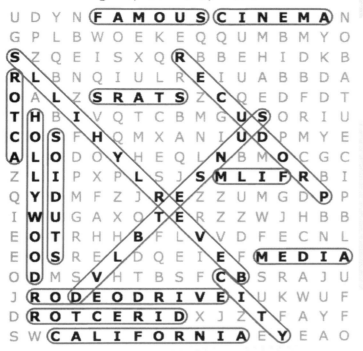

Page 62

NFL Teams

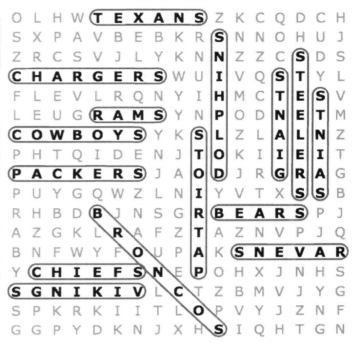

Page 63

Good Fortune

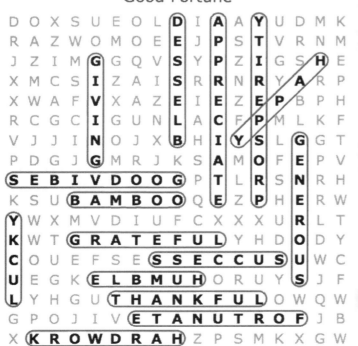

Page 64

Life on the Farm

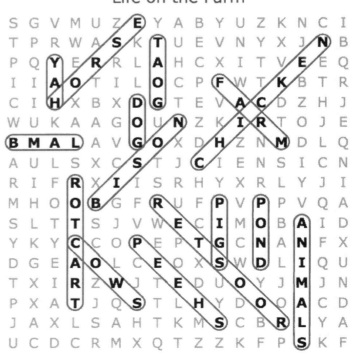

Opposites Attract

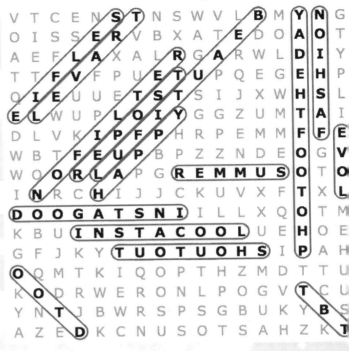

#Hashtags

Personal Growth

Pet Tricks

Page 69

Road Trip

Page 70

Math Terms

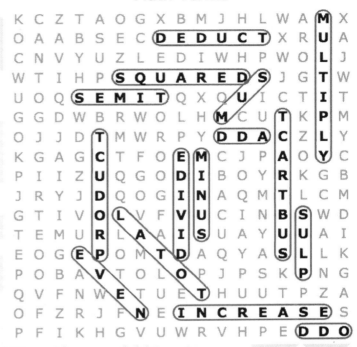

Page 71

#InstagramFilters

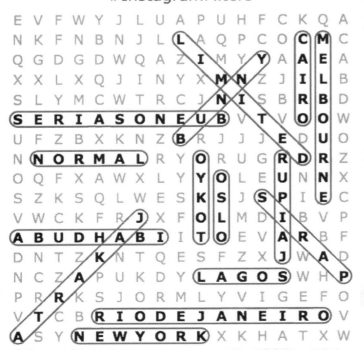

Page 72

Perfect Day for a Picnic

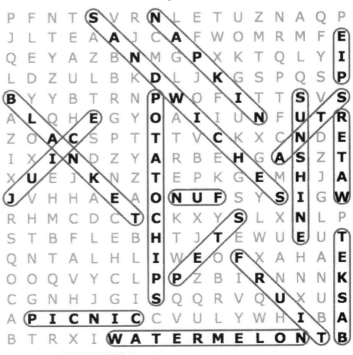

Page 73

Summer Days

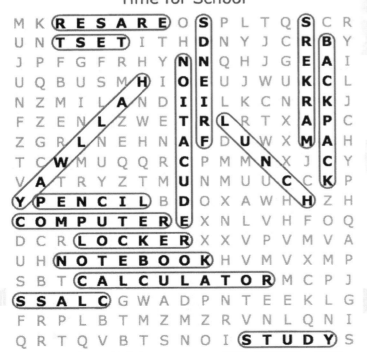

Page 74

Nothing Like a Spa Day!

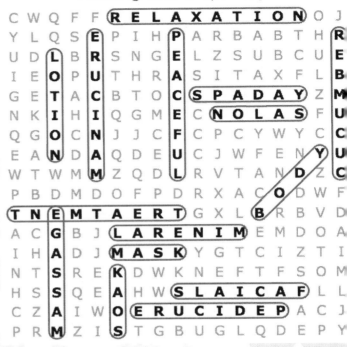

Page 75

Time for School

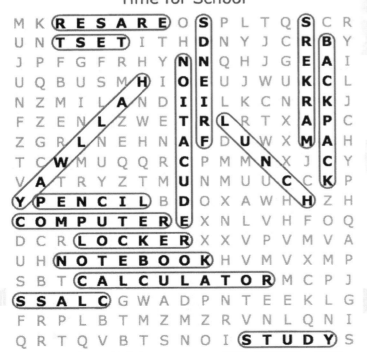

Page 76

Rock 'n' Roll

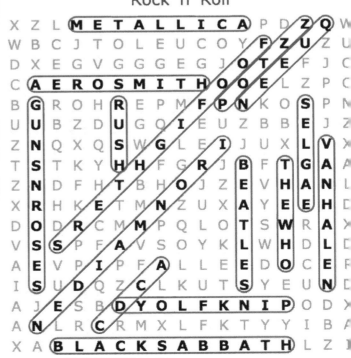

Page 77

State Capitals

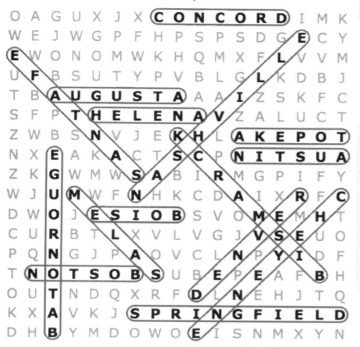

Page 78

Photography

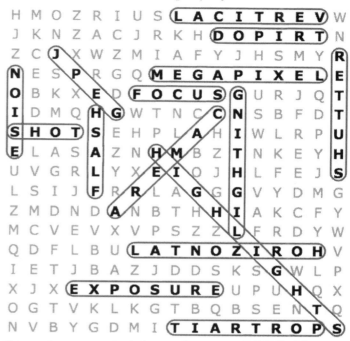

Page 79

Nutrition

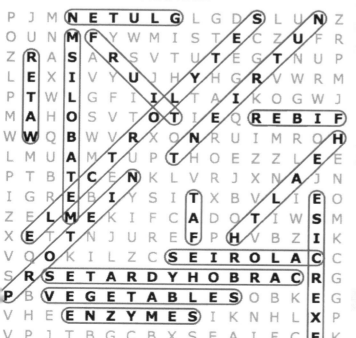

Page 80

Positive Vibes Only

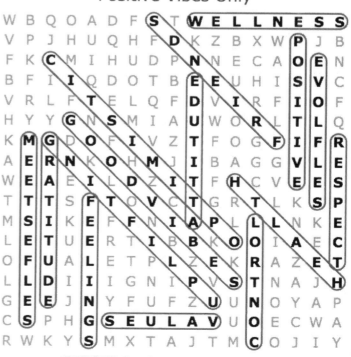

Page 81

Sweat It Out

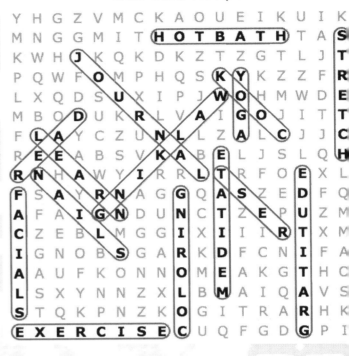

Page 82

Self Care Recipe

Page 83

Presidents

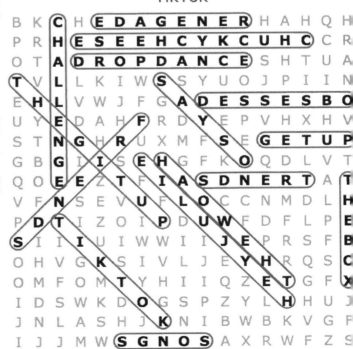

Page 84

TikTok

Page 85

The Great Bake Off

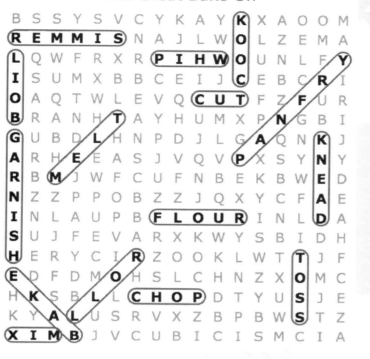

Page 86

US History

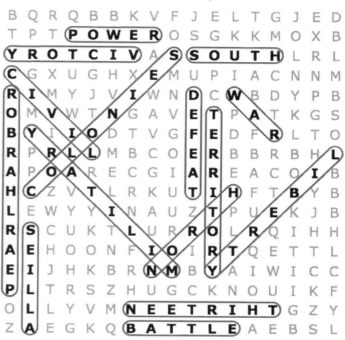

Page 87

The Best of Country Music

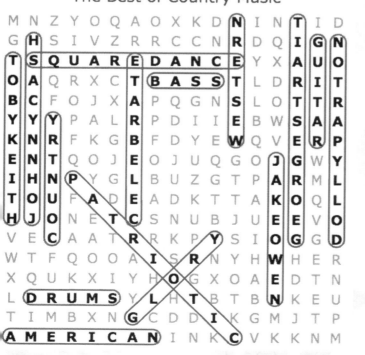

Page 88

What's the Weather?

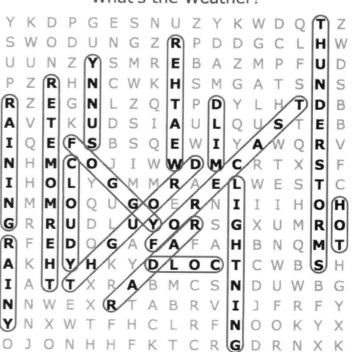

Check out our other books!

If you enjoyed this book, please leave a kind review on Amazon.

Made in the USA
Columbia, SC
14 December 2023